KB024022

탈핵 탈송전탑 원정대

밀양 할매 할배들이 발로 쓴
대한민국 '나쁜 전기' 보고서

탈핵 탈송전탑 원정대

밀양 할매 할배들 지음 | 이계삼 기록 | 이헌석 감수·해설

한티재

| 차례 |

우리는 왜 길을 떠나게 되었는가

1

나는 세상이 '밀양 할매 할배'라고 부르는 사람이다. 밀양시 부북면
·상동면·산외면·단장면, 밀양 송전탑 경과지 4개면에서 아직까지 한
전의 보상금을 받지 않고 버티고 있는 225세대를 말한다. 상동면 도곡
마을 여든일곱 김말해 할매, 부북면 평밭마을 여든일곱 김사례 할매부
터 70대, 80대가 많고, 60대는 젊은 축에 든다. 쉰여섯, 이제 갓 손주 본
고답마을 계옥이까지도 어쨌든 할매 할배다. 다들 밀양서 태어나 지금
껏 농사짓는 사람들이지만, 부북면 이남우 씨나 단장면 고준길 씨 부
부들처럼 건강 때문에 퇴직하고 요양차 전원 생활하러 온 사람들도 적
지 않다.

'밀양 송전탑'이라는 이름이 이제는 언론에 아주 가끔씩 나오지만,
우리는 매일처럼 밀양 송전탑만 생각하며 산다. 생각을 하고 싶어서 하
는 게 아니라, 그냥 매일처럼 생각이 나고, 날 수밖에 없다. 집 바로 코

앞에 철탑이 들어서 있는데, 일어나도 보이고, 논밭으로 경운기 몰고 나가도 보이고, 버스 타고 시내 나가는 길에도 보이고, 들어오는 길에도 보인다. 벌써 몇 달이 흘렀지만, 이게 아직도 우리는 너무 낯설고, 쳐다보기만 해도 천불이 난다. 밀양 송전탑만 생각하며 살지 않을 수가 없는 거다.

2

우리는 졌다. 10년간 싸웠는데 졌다. 철탑은 다 들어섰고, 동네는 한전이 준 돈 몇 푼으로 그 돈 받은 사람과 받지 않겠다고 버티는 사람으로 갈라져 있다. 지난 정월대보름에는 마을들이 다 갈라서는 바람에 마을 잔치는 거진 못했다. 우리 반대 주민들은 상동면 고답 농성장에 한데 모여 따로 놀았다.

이런 것 저런 것 생각하면 밤잠을 설치기도 한다. 억울하고 분해서,

철탑 들어선 것만 봐도 천불이 나는데, 어찌 이렇게 불공평할 수가 있다는 말인가. 법은 만 명한테만 평등하다더니, 그 말이 맞다. 우리는 100명이 넘게 혼절하고 다쳐서 구급차 타고, 산꼭대기에서 헬기 타고 후송되었는데, 내 사지육신 붙잡고 팔목 비틀고 꼬집던 경찰들, "아가리에 똥물 처넣어야 한다"고, "망치로 유리창 깨서 차 빼버리겠다"고 막말한 놈도, 술 냄새 풀풀 풍기며 주민을 연행하던 밀양경찰서 임머시기 그놈도, 단 한 놈도 법정에 서지 않았다. 70대 노인이 분신으로, 음독으로 세상을 버렸는데, 정부 책임자도 한전 책임자도 무릎을 꿇기는커녕 기고만장하다.

3

나도 생각이 많다. 그만두고 싶었고, 지금도 가끔 그런 생각이 치받아 오른다. 10년 싸우는 동안 아들, 딸, 자식들도 "해 봤자 안 된다"고 말렸다. 몸 상한다고, 그 나이에 피켓 들고, 구호 외친다고 팔뚝질 하는 부모를 텔레비전 뉴스에서 만나는 마음이 어땠겠는가. 농성하겠다고 성치도 않은 몸으로 움막에서 먹고 자는 부모를 보는 자식들 마음이 어땠겠는가. 한전 편드는 언론사들이 쪼아댔다. 외부세력이 들어와서 밀양송전탑 싸움이 이상한 방향으로 흘렀다고, 그래 봤자 운동권들 반정부투쟁의 불쏘시개로 이용만 당할 뿐이라고, 했다.

그 10년의 세월 동안 가장 많이 그만두고 싶었던 사람은 밀양 할매 할배 나 자신이다. 누군들 이러고 싶었겠는가. 내가 무슨 팔자가 씌었기에 늘그막에 이런 고초를 당해야 한다는 말인가. 새벽에 산에 올라가서 아들 손자뻘도 안 되는 한전 인부들, 용역들, 경찰들하고 맞서는 일이 누구는 좋았겠나.

도곡의 87세 말해 할매는 네 시간 기어서 109번 현장까지 올라오고 난 뒤에 몇 날 며칠을 앓아누웠다. 용역들은 또 어땠나? 손녀뻘 되는 여자 용역들이 우리 할매들한테 씨발년이라고 했다. 그때 내 칠십 평생이 푹 꺾이고 말았다. 나는 그때 죽고 싶었다. 그날, 밀양 송전탑 현장에 용역이 처음 들어오던 2012년 1월 16일, 바로 그날 저녁, 이치우 어르신이 결국 분신자결을 하고 말았다.

KEPCO라고 써 놓은 한전 빨간색 로고만 봐도 질근질근 뜯어먹고 싶은 마음이 든다. 이 마음을 이해하겠는가? 내 노년을 엉망으로 망쳐버린, 동네 이웃을 갈라놓고, 내 재산을 다 빼앗아버린 놈들. 우리는 싸우지 않을 수 없었다.

4

우리 싸움의 고비가 많았다. 10년을 끌었으니, 온갖 일들이 있지 않았겠는가. 그러나 내가, 할매들이, 할배들이 버텼다. 그리고 이치우 어르신의 분신자결로 밀양 싸움이 전국으로 알려지기 시작했다. 우리를 도와주러 전국에서 사람들이 왔다. 외부세력이라고 했지만, 그 사람들 없었으면 우리는 벌써 무너졌다. 지금도 내가 버티고 있는 것은 이 연대자들 덕택이다.

연대자들에게 나는 너무 많은 것을 배웠다. 세상에는 한전 놈들, 정부 공무원들, 해봤자 안 되니 그냥 주저앉아버리는 사람들만 있는 줄 알았다. 자기 일도 아닌데 제 돈 들여 밀양까지 와서 우리 대신 싸워주고 울어주고 어르신들 뒷바라지하는 사람들, 수녀님들 신부님들, 함께 그들과 얼마나 많이 울고 웃었던가. 도시락에 갖은 반찬 싸서 때마다 찾아오는 '어린이책시민연대' 엄마들, 저렇게 참한 사람들이 또 있나 싶었다. 쌍용차 해고 노동자들과도 친해졌고, 세월호 엄마 아빠도, 용산 참사 가족들도 알게 되었다. 울산 현대자동차 비정규직 노동자들도 우리 일손을 도와주러 수없이 찾아왔다. 우리와 함께 싸우다 법정에 서게 된 연대자가 열 명이 넘는다.

나는 이 싸움을 하면서, 이 나이 되도록 별로 생각해 보지 못했던 '인생의 의미'를 떠올리게 되었다. 밥만 먹고 산다고 다 사는 거냐, 버러지처럼 살아도 한 인생이고, 범강장달이 같은 자식 낳고 등 따시게 사는 것도 한 인생이지만, 그렇게 사는 게 사는 게 아니라는 거. 몇 년을 찬바람 시린 바람 한뎃잠 자며 고생은 했지만, 뭐가 옳고 뭐가 그른지를 분간할 줄 아는 게 사람이라는 거. 옳은 일에 몸 던지고, 돈 몇 푼에 정신을 팔아먹지 않고 사는 게 진짜 사는 거라는 거를. 바드리에서, 평밭까지, 85번부터 129번까지 철탑 현장 현장마다 농성막을 치고 한뎃잠을 자던 할매 할배들, 경찰에 둘러싸여 비닐 덮고 자고, 컵라면에 찬밥 말아먹어도 우리가 옳다는 미더운 확신에 우리는 얼마나 벅찼던가. 지난 법정에서 우리 중에 제일 막내인 동화전 마을위원장 김정희가 젊은 판사 앞에서 이렇게 말했지.

저는 송전탑을 내 재산과 건강을 지키기 위해서 시작한 것도 있지만 우리 자식들한테 "아부지는 정의를 위해서 비굴하게 숨어있지 않았다" 그 말을 하기 위해서 싸움을 시작했습니다.

사람이 살면서 모든 일에는 원인과 결과가 있는데, 원인은 한전이 국가가 다 제공해 놓고 작은 재산만 목숨만 지키겠다, 아이들의 미래를 지키겠다고 한 우리들만 핍박하고 억압한다는 건, 이건 분명히 잘못된 세상입니다.

징역 10년, 50년을 때리더라도 이건 분명히 잘못된 것이기 때문에 끝까지 자식들한테 우리들은 잘못한 게 없다, 너희들을 위해서 이 사회를 위해서 아부지는 정당하게 행동했다 하고 말할 것입니다.

그 말을 법정에서 듣고 있던 우리 할매 할배들이 다 눈이 빨갛게 되도록 울었지. 저 젊은 친구가 징역 5년을 구형하는 새파란 검사 앞에서 쩌렁쩌렁하게 말했다. 우리는 틀리지 않았다.

5
이제 바깥으로 좀 나가려 한다. 말로만 들었던 이야기들 한번 눈으로 확인해 보고 싶다. 뭐가 문제이고 어디서부터 잘못된 건지, 어떻게 해야 하는지를 좀 살펴보고 싶다. 한전 놈들이 우리에게는 원수지만, 이 한전 사장 조환익이가 밀양을 문턱이 닳도록 드나들 때, 어느 마을회관에서 동네 이발소 아재같이 꾀죄죄한 몰골로 "우리도 매년 천문학적인 적자 뒤집어씁니다" 하고 하소연할 때 알아봤지만, 저 한전이 들러리에 불과하다는 것도 안다.

진짜 나쁜 놈들은 핵발전소 만들고 팔아먹는 대기업들, 민간발전사 대기업들, 원가보다 싼 산업용전기로 펑펑 써대는 대기업들, 이 대기업과 그들에게 붙은 공무원, 언론인, 어용 학자들임을 나도 안다.

나는 전기를 많이 쓰지 않는다. 여덟 시면 졸려서 텔레비전을 더 볼 수도 없다. 한 달에 전기요금 만 원도 안 쓰는 내가 전력대란의 주범으로 한때 보수언론을 수놓았다. 연대자들이 가르쳐주었다. 전기는 지금 남아돈다고. 그런데 왜 전기가 모자란다고 핵발전소를 짓고, 핵발전소를 더 지으면 송전선이 모자란다고 또 송전선을 깔고, 그래서 생각만 해도 치가 떨리고 살이 떨리는 765kV(76만 5천 볼트) 송전선을 여기저기 깔고, 보상금으로 마을 사람들 서로 싸우게 하고, 평생 일구어온 재산을 빼앗고. 이게 이래서 되겠느냐 말이다. 이렇게 해서 이 나라에 사람이 살겠느냐 말이다.

나는 바깥 구경을 하고 싶었다. 말로만 듣고 영상으로만 봤던 현장을 가보고 싶었다. 그리고 이 현실을 세상에 알리고 싶었다. 밀양에서 이렇게 10년을 싸우게 하고, 청도에서 또 삼척에서 영덕에서 가진 놈들의 배를 불리기 위해 금수강산을 엉망으로 만들고, 후손들에게 어마어마한 위험을 떠넘기는 인간들의 헛소리와 이 나라의 잘못된 전력 정책을 폭로하고 싶다.

6

나는 묻고 싶다. '이 전기가 어디에서 왔는지'를. 우리는 지난 10년간 철탑만 보고 살았다. 그러나 이 철탑을 따라가니 그 끝에 핵발전소가 있었다. '전기는 눈물을 타고 흐른다'. 그 깨달음을 세상 사람들이 함께 나누었을 때 이 나라에 희망이 있다.

사람들이 나를 두고 칭찬들을 해 준다. "큰일 하셨다"고. 덕택에 수십 년간 꿈쩍도 하지 않던 핵마피아, 전력마피아들의 독재에 큰 흠집이 났고 전력정책이 조금씩 바뀌게 되었다고. 그러나, 이제 시작이다. 나는 발로 뛰어서 직접 보고 들은 이야기를 하려고 한다.

나는 '밀양 할매 할배'다.

한옥순 이남우 김길곤 송루시아 (주민)
이계삼 김우창 김태철 남어진 (밀양대책위)
강세진 류미례 (영상)
최형락 (사진)
이헌석 (안내)

1일차 : 585.3km
밀양 출발 – 충남 당진시 석문면 교로 2리 – 석문면 성문각 전망대 – 충남 예산군 고덕면 구만리
– 충남 아산시 도고면 효자리 – 충남 서산시 팔봉면 덕송리

2일차 : 502.7km
전남 영광군 영광읍 한빛원전민간환경감시기구 – 영광핵발전소 홍보관 및 6호기 내부 – 밀양 도착

당진 · 예산 · 아산 · 서산 · 영광

터 3

나는 한옥순이다. 부북면 평밭마을에 산다. 쥐띠, 올해로 예순여덟이다. 통영 욕지도에서 열두 남매의 막내로 태어났다. 지도에서는 파리똥만큼 작지만, 사람은 많이 산다. 어릴 때는 바다뿐이었는데 지금은 휴양지로 유명하다. 이 싸움이 어여 끝이 나야 할 매들을 데리고, 놀러를 갈 낀데.

욕지도는 다 한집안이어서 모두가 사촌 육촌들이다. 대가족 열두 남매의 막내로 태어나 어릴 때부터 사랑을 많이 받고 자랐다. 집안에 머슴이 있었고, 아버지가 어장을 해서 섬에서는 제일 넉넉하게 살았던 편이다. 배가 몇 척이나 되었고, 어머니가 인심이 좋아서 생선을 다 갈라 주고 동네 사람들 일하러 오면 쌀도 퍼주는 것을 보고 자랐다. 거지는 날마다 왔던 것 같다. 대가족이다 보니 생일이나 제사가 없는 달이 없었고, 그 음식 대느라 어머니가 고생을 했다. 뒷방에 콩나물시루를 두고 날마다 물을 주며 키우던 게 생각난다.

어느 겨울에 내가 쌀을 동이로 갖고 가서 씻는데, 그 뜨물을 받아 가서 끓여 먹는 사람을 보면서부터 남들에게 뭘 퍼 주는 습관이 생긴 것 같다. 멸치를 잡아 몽돌밭에 널어놓은 걸 내가 지키다가 바가지를 갖고

17

오는 할매들 한 바가지씩 퍼주곤 했다. 어머니를 닮아서 나도 남들한테 나눠주는 걸 좋아했다.

처녀 시절, 집에는 중신이 줄로 섰는데, 그때 대학 다니는 남편을 만나서 연애가 되었고, 결혼을 했다. 통영에 나가서 양재학원에 다닐 무렵이었다. 내가 남새밭을 쪼고 있는 걸 방학 때 오빠랑 대학 동기인 지금 남편이 오빠와 함께 놀러왔다가 그걸 본 모양이다. 한눈에 반했는지 그때 내게 연애를 걸었던 것이다.

학교에서 선생 하는 남편을 따라 부산에서 살았는데, 남편이 뇌수술을 받은 뒤 학교를 사직하고는 밀양에 요양차 들어오게 되었다. 그때부터는 내가 토종닭 요리집을 해서 살림을 살았다. 수술 받고 건강이 회복된 남편은 '마음수련'에 빠져들어서 지금도 그 일을 하고 있다.

지금 내가 살고 있는 부북면 평밭마을은 '병 고치는 마을'로 유명하다. 송전탑 일만 아니었어도 내 삶은 지금과는 완전히 다를 것이다. 내가 지금 어쩌다가 경찰과 한전 앞에서 욕을 입에 달고 싸우는 사람이 되었는지, 남들은 나를 두고 '야전사령관'이라고 반농 반진담으로 칭찬도 하고 대단하다고도 하지만, 내 인생의 변화를 생각하면 나도 기가 막힌다.

원래 나는 부북면 대책위가 몇 번 바뀌면서 남편이 면 대책위원장을 맡았을 때, 흥분을 잘 하는 남편 뇌에 문제가 생길까 봐 그걸 말리기 위해 이 싸움에 나서게 되었다. 그러나 이 싸움에 빠져들면 들수록, 세상 돌아가는 꼴을 알게 될수록, 거짓과 돈에 미쳐 돌아가는 것을 도저히 참을 수가 없어서 이제는 투사가 되어버린 것이다.

오늘은 탈핵 탈송전탑 기행 떠나는 날. 당진으로 가는 길은 아직 봄이 올락 말락 멈칫거리는 듯하다. 가는 길에 사돈한테 전화가 왔다. 손주들이 공부를 잘해서 이번에 과학고 가게 됐다고 인사하는 전화다. "데모하느라 정신이 없어 못 찾아뵈어서 미안타"고 했다. 그게 사실이기도 하고.

이번 기행에 같이 가는 사람은 남편과 우리 평밭마을의 김길곤 자치회장님, 그리고 이 싸움에서 알게 되어 지금은 친자매처럼 지내는 단장면 용회마을의 루시아다. 회장님도 우리 남편처럼 교직에서 은퇴하고 몸이 안 좋아 평밭마을로 요양차 들어오신 전직 교장선생님이다. 지금 밀양의 국회의원, 밀양시장, 그리고 그 앞의 밀양시장도 모두 우리 회장님 학교 시절 제자이다. 정말 점잖고 고운 심성을 가지신, 여든넷 되신 어른이다. 그리고 열성적이다. 우리는 이번 기행도 건강을 생각해서 가면 안 된다고 그렇게 말렸는데, 꼭 가보고 싶다고 어제 그제 이틀 동안 당신 밭을 기계로 다 갈아놓고 준비를 하신 분이다. 이런 어른이 또 서울까지 올라가서 "우리 할매들 고생하시는" 생각을 하며 울면서 연설을 하시고, 거리에서 "노후원전 폐쇄"를 외치는 투사가 되어 있다. 루시아는 독실한 천주교 신자이다. 역시나 부산에서 남편 자식 뒷바라지하며 성당에서 봉사 활동하는 평범한 주부로 살았다. 전원주택을 얻어서 옮겨온 용회마을 집 바로 뒤로 철탑이 두 개나 들어오는 계획을 알게 되면서부터 이 싸움에 뛰어들었다.

가는 차 안에서도 하는 얘기는 늘 정치다. 예전에는 뉴스도 잘 안 보던 우리가 아니었던가. "중국하고 잘 지내야 할 판인데, 미국하고 중간에 서야 할 텐데, 사드인가 뭔가 해서 전쟁무기 배치시켜주고, 이래야 되겠나" 하고 루시아가 말한다. 루시아는 책도 많이 보는데, 어느 수녀님이 보내주신 『금요일엔 돌아오렴』 읽은 이야기를 했다.

형님아, 나는 다 아팠지만, 그 이바구가 제일 마음에 남더라. 딸 하나 있는데 이번 사고로 딸 잃은 아부지 이야기. 너무 안됐더라. 그 애가 아빠를 얼마나 아꼈는지, 나중에 잘돼서 아빠 모시려고 공부도 그렇게 열심히 했다는데, 죽고 나서 인터넷으로 주문한 참고서가 왔다네요. 그거 읽으면서 얼마나 울었는지.

정 많고 눈물 많은 루시아가 자꾸 울라 하기에 내가 말했다.

하늘에도 일이 많다. 그런 아(애)들 데리고 가는 거는 하늘님이 쓸 일이 있어서 그렇다. 그리 생각해야 된다.

나라가 엎어져야지, 될 일이 아니다. 이게 무슨 나란가 싶다. 루시아 말마따나, "정부에 대해서 희망을 가질 수 있고, 약속을 지킨다는 신뢰가 있어야"지, 외국 가서 이상한 옷 입고 쇼 하면 소통이 되나. 잘못한 건 솔직하게 인정하고 다시 안 하겠다 약속하고, 고칠 거는 고치는 게 그게 소통이지.

며칠 전에는 동네 앞에 세워진 129번, 130번 사이 선에서 소리가 하도 심해 도저히 잠을 잘 수가 없어서 한전 밀양지사에 가서 데모를 한

당진 · 예산 · 아산 · 서산 · 영광

적이 있다. 그때 입씨름을 하다가 우리가 앞으로 탈핵 쪽으로 나갈 거라고 하니깐 한전 차장 놈이 한다는 말이 "철탑만 막으실 것이지, 여긴 원전은 아니잖아요?" 하는 거였다. 그 말에 또 내가 폭발하고 말았다.

니, 그걸 말이라고 하나? 이 원인이 전부 원전인데, 니가 지금 무슨 말을 하는 거고. 니가 공부해서 대학 나와 갖고 전기회사 댕기는 것 맞나? 밥 팔아서 똥 사무라!

막 퍼부어주었다. 박근혜 핵발전소 수출 이야기하다가 독일의 메르켈 이야기도 한다. 그 여자 반만 닮으라면서. 시골 아낙네들이 철탑 반대 싸움하다가 완전히 개명했다. 메르켈도 알고. 하하하.

당진에서 암으로 돌아가신 이들의 명단을 얻다
/ 충남 당진시 석문면 교로리

당진시 석문면 교로 2리 마을회관에 도착했다. 나는 이곳에 예전에 한 번 온 적이 있다. 루시아와 이경희 피디와 함께 왔을 때, 그때 765kV 철탑을 처음 보았다. 그리고 기가 딱 질렸다. 정말 큰일이구나 싶었다. 철탑 아래로 내려가면 전기 때문인지 몰라도 막 골이 아팠다.

"당진 가봐라. 밀양보다 더 하다. 그런데 별 피해 없이 잘 산다"고 우리 마을로 찾아온 한전 직원이 말했다. 그때 남편이 흥분해서 "그게 정상이요, 비정상이요? 비정상을 만들어놓고 그걸 견디는 사람들처럼 되라고 하는 게 말이 돼요?" 하고 대판 싸웠다. 한전 놈들이 "피해 없이 잘 살고 있다고, 견학을 당진으로 가 보라고 밀양에서 떠들고 다닌다"고 전하니, 교로 2리 이장님, 전 이장님 모두 어이없는 듯 웃는다.

한전이 주민들의 반대를 넘어가는 술수는 밀양과 너무 비슷했다. 100명이 피해를 본다면, 피해가 가장 큰 선하지(線下地) 바로 곁에 사는 10명의 의견이 제일 중요한데, 한전은 피해가 상대적으로 작고, 멀리 떨어진 90명을 꼬여서 합의를 먼저 보고, 버티는 10명을 주저앉히는 식이다.

그런데, 765kV 송전 이후 암 환자 발생 수치가 깜짝 놀랄 지경이다. 발전소 바로 곁에 있는 석문면 교로 2리 24명, 신당진변전소가 있어서 당진의 모든 철탑이 출발하는 곳에 있는 정미면 신시리, 사관리는 42명, 놀랄 만하지 않은가. 우리 평밭마을 자치회장님께서 굳이 노구를 이끌고 이곳까지 오신 것도 뉴스에서 이 마을의 암 환자 이야기를 듣고 너무 놀라서 직접 보고 싶어서란다. 그 주민들의 이름을 직접 받아 보니, 가슴이 두근두근하고 먹먹해 온다.

발전소 근처에서 형광등을 들고 있으면 불이 들어온다. 『오마이뉴스』인가에서 실험을 한 것이 밀양송전탑 싸움이 한창이던 때 큰 화제가 되었다. 765kV 철탑은 송전선 바로 아래에서뿐만 아니라, 선로 좌우측 50~60미터에서도 불이 들어오는 것이다. 전자파가 당진에서는 공식 측정으로는 최대 44.27밀리가우스(mG)까지 나왔다고 한다.

2013년인가 MBC〈시사플러스〉에서 송전탑과 암 발생 문제를 방영했는데(2013년 7월 12일 '송전탑 왕국, 당진의 눈물' 편), 과학 전문가들은 "과

학적으로 검증을 못 하고 있어서"라고 하는데, 중요한 것은 양심의 문제가 아닐까 싶다. 과학의 문제가 아닐 것이라고 생각한다. 증명은 의지의 문제일 것이다. 이것이 밝혀지면 피해를 볼 사람들이 어떤 식으로든 막고 있기 때문에 증명을 못 하고 있다고, 나는 그렇게 이해하고 있다.

당진 지역은 철탑 기수만 526개, 전국 3위라고 한다. 전국 최초로 765kV가 설치된 곳이다. 문제는 앞으로 송전철탑을 130여 개 더 건설할 예정이라는 점이다. 곧 전국 2위, 혹은 1위로 올라갈 것 같다고 한다. 북당진—신탕정 345kV 30여 개가 예정되어 있는데, 사람이 많이 사는 곳을 지나는 5.5킬로미터는 지중화(地中化)된다고 한다. 그전에는 '지중화 절대 불가'였는데, 밀양의 투쟁 덕택에 지중화 구간이 늘어나게 되었다고, 다시 한 번 감사하다고 한다.

감사원에서 이런 지적을 했단다. 철탑이 폭우로 쓰러질 수가 있는데, 765kV는 워낙 용량이 커서 많은 전력이 흐르는데, 쓰러지면 당진 지역의 발전력이 사실상 마비가 되고, 그러면 수도권에 대정전이 나게 되니, 대책을 마련하라고 지적을 했단다. 그러면 발전소를 덜 짓거나 송전량을 줄여야 하는데, 그게 아니라 예비송전선으로 345kV 선로를 새로 하나 더 만든다는 것이다.

근데, 당진 주민들이 옛날 같지가 않은 것이다. 밀양 싸움의 영향도 작용했고, 호락호락하게 받아들일 리가 없는 것이다. 그래서 한전이 신규 발전소를 짓는 동서발전에다 송전선 공사를 미루었는데, 거기는 또 "송전선은 한전 책임 아니냐"고 미뤄서 서로 누가 할지를 다투고 있는 상태란다.

이제, 송전선으로 인한 피해를 이야기한다. 아침에 습도가 높거나, 비오는 날, 안개 낀 날, 추운 날에 소음이 심하단다. 바람 불 때는 말할 것도 없고. 우리 평밭마을도 마찬가지다. 안개 끼고 눈비가 올 때는 소리가 정말 많이 난다. 발동기 돌리는 소리, 따닥따닥 하는 소리가 계속 난다.

1999년에 송전이 되기 시작해서 16년이 되었다고 한다. 예전에는 안테나로 텔레비전을 봤는데, 지금은 송전선 때문에 텔레비전이 안 나오니깐 한전에서 유선을 깔아주었고 한다. 잘 나오던 텔레비전도 안 나올 정도이니 몸에는 또 어떤 영향이 있을지 알 수 없다.

재산 피해는 말할 필요가 없다. 교로리도 발전소가 들어오기 전까지는 관광지였다고 한다. 지평선이 보이는 드문 곳이어서 해 뜨는 것과 해 지는 것을 다 볼 수 있는 마을로 유명했지만, 이제는 땅이 거래가 전혀 되지 않고, 보러 오는 사람도 없단다. 바로 곁 왜목마을만 해도 평당 수백만 원 하지만, 이곳은 20만~30만 원도 안 되고, 그 조차도 거래가 안 되니, 재산권을 빼앗긴 건 말할 필요가 없다.

맨 처음에 사람들은 별 대수롭지 않게 생각했다. 발전소 세워지고, 그러면 당연히 송전탑 지나가겠지, 이러고 말았는데, 765kV라는 초고용량 송전선을 깔아놓으니 화력발전소 두 기만 세울 이유가 없는 것이다. 발전소를 계속 지어댄 것이다. 그런데 이제 발전소가 많아서 765kV 용량이 벅차니 "사고 나면 위험하다"고 송전선을 더 깔겠다는 것이다. 그래서 송전선 여유가 생기면 그 핑계로 또 발전소를 지을 것이다. 발전소와 송전선이 서로 물고 물리면서 왕창 늘어나는 비결이다. 기가 막힌다. 저놈들은 좋겠지만, 우리는 죽는 것이다. 듣고 있을 수 없어서 내가

비정상을 만들어놓고
그걸 견디는 사람들처럼 되라고 하는 게 말이 됩니까?

한소리 했다.

 이기 말이 됩니까. 있을 수 있는 일입니까. 밀양도 225세대가 남았는데, 이미 철탑도 다 세웠고 선도 다 걸렸고 송전도 하고 있는데 한전 놈들이 돈을 주겠다고 하는 게 돈으로 입을 막아놔야 다른 짓을 할 수 있기 때문이 아니냐 하는 의심을 했는데, 여기 와서 들어보니, 이놈들이 고리 쪽에 원전 더 지어가꼬 765kV를 새로 하나 더 깔라고 하는 수작이 아닐까 싶네예. 절대 합의하고 돈 받으면 안 됩니데이.

죽어봐야 저승을 아나, 이게 뭐 하는 짓?

 다들 고개를 끄덕인다. 교로 2리 마을회관을 나와 철탑 아래로 갔다. 당진화력발전소 1~10호기까지 10기가 쭈욱 줄을 서 있다. 화력발전소 굴뚝에서 흰 연기가 뭉게뭉게 피어오른다. 철탑이 거인처럼 늘어서서 마을 쪽으로 치고 들어왔다가 다시 들판 한가운데로 곡선으로 빙 돌아서 나간다. 이해가 안 된다. 왜 이 거대한 철탑이 시작부터 들판 한가운데로 가면 마을 피해가 없을 텐데, 마을로 바짝 붙었다가 다시 돌아서 나가는가. 이장님께 물어보니 기막힌 사연이 있다. 처음에 철탑이 들어설 때는 지금처럼 발전소 규모가 10기가 되도록 늘어날지도 몰랐고, 전국 최초다 보니 사람들이 765kV에 대해서 전혀 몰랐다는 것이다. 그저 전봇대 정도로 생각을 했다는 것이다. 다들 기계화 영농을 하는 데 전봇대가 방해가 되니 차라리 마을 쪽으로 붙이는 게 낫겠다는 주민들의 여론 때문에 저 거대한 765kV 철탑이 마을 쪽으로 바짝 붙게 된 것이다. 웃지 못할, 너무나 서글픈 이야기였다.

철탑 아래에 측정기를 대니 금세 20밀리가우스까지 훌쩍 올라간다. 한전이 정한 기준인 833밀리가우스에 비하면 새 발의 피라는 그 20밀리가우스. 한전은 아마 대수롭지 않다 할 것이다. 이장님이 저 뒤 파란집 부부가 다 암으로 세상을 떠났다고 한다. 송주법(송·변전설비 주변지역의 보상 및 지원에 관한 법률)은 저런 어이없는 처지에 놓여 있는 집에도 한푼 보상조차 없다.

바닷가에 있는 성문각 전망대에 올랐다. 다들, "아이고" 하는 탄성이 쏟아진다. 왜 그랬겠는가. 이 좋은 바닷가, 풍광이 정말 끝내줬을 텐데, 지금은 형편없이 망가져버렸기 때문이다. 오른편 멀리 섬에서 굴뚝에 연기가 피어오르는데 그곳은 영흥화력발전소이다. 그리고 바로 곁에 화력발전소 10기가 있고 거기는 또 굴뚝에서 흰 연기가 뭉게뭉게 피어오르고 있다. 왼편 아래쪽 바닷가에는 거대한 현대제철 당진 공장이 있고, 그 곁 대산석유화학단지 굴뚝에서 시뻘건 불기둥이 치솟아오르고 있다. 성문각 전망대 바로 옆에는 화력발전소 10기에서 나온 석탄 폐기물을 묻는 곳이 있다. 바닷가에 큰 운동장 열댓 개가 될 만한 넓이의 맨땅에 시커먼 폐기물을 놔두었다. 녹색 천막을 덮어두기는 했지만, 검은 먼지가 바람 따라 날려서 주민들이 빨래를 못 널고, 배춧속에 시커먼 먼지가 끼고, 콩깍지에 석탄가루가 묻는 바람에 콩이 열리지 않는다고 한다. 맹독성 폐기물이어서 건축자재로도 재활용하지 못하는 중금속

대통령은 뭐 하나, 맨날 외국이나 돌아다니지 말고
이런 데를 돌아보고, 앞으로 이 나라가 어디로 가야 되나,
이렇게 가도 되겠나 연구를 해야지.

덩어리인데, 이걸 바닷가 바로 곁에 방치하고 있는 것이다.

"여기에다 공원 만들어 놓으면 뭐 하노. 다 망가뜨려놓고." 혼잣말이 나온다. 죽어봐야 저승을 아나, 이게 죽이는 거지, 무엇이겠나. 대통령은 뭐 하나, 맨날 외국이나 돌아다니지 말고 이런 데를 돌아보고, 앞으로 이 나라가 어디로 가야 되나, 이렇게 가도 되겠나 연구를 해야지, 지금 뭘 하고 있나 말이다. 김길곤 회장님이 마지막으로 한 말씀을 하셨다.

우리 밀양은 아직도 225세대가 합의하지 않고 싸우고 있습니다. 지금까지 지켜온 고향 산천을 자식들한테 물려주고 싶은데, 곧 죽을 때가 되었는데 뭘 더 바라겠습니까. 오늘 여기 와 보니, 정말 걱정스럽고 두렵습니다. 나라가 이렇게 가도 되겠나, 하는 두려움이 생겼습니다. 정부와 한전은 후손은 하나도 생각하지 않고서 눈앞의 이익만 생각합니다. 한심하기 짝이 없습니다. 오늘 우리가 보고 들었던 이야기, 밀양에 가서 이야기하고 전하고 싶습니다.

전국에서 온 방문객들 앞에서 암으로 돌아가신 주민들의 이름을 읊어야 했던 이장님의 얼굴이 참 선량하고 좋다. 남편이 "이장님, 존경합니다! 끝까지 변치 말고 갑시다!" 하고 장하게 악수를 하고 포옹을 하고 우리는 헤어졌다.

남자들 따라가면 안 됩니다 / 충남 예산군 고덕면 구만리

넓은 평야 마을인데, 농토 한가운데로 100미터가 넘어 뵈는 거대한 철탑이 늘어서서 마을을 꿰뚫고 가고 있다. 철탑과 송전선이 너른 평야를 반으로 딱 갈라놓았다.

박종서 님이 우리를 마중 나왔다. 이분은 지난 번 만났을 때에도 우리에게 참 친절하게 잘 해 주셨다. 밀양대책위가 주최해서 국회에서 열린 '765kV 기존선로 피해 증언대회'에서도 국회의원들 앞에서 당당하게 증언해 주셔서 우리에게 큰 힘이 되었다. 이계삼 국장 말로는 밀양 공사가 강행되어 주민들이 고초를 겪고 있을 때 뉴스를 보다 전화해서 "도와드리지 못해 미안하다"면서 괴로워하시던 그런 양심적인 분이다.

오늘 아침도 싸온 도시락을 고속도로 휴게소에서 먹었고, 점심도 구만리 마을 정자에서 함께 펼쳐놓고 먹는다. 이렇게 해서라도 식대를 아끼는 것은 우리가 여기저기 다니면서 식비로 교통비로 돈을 많이 쓰기 때문이다. 우리 대책위 활동자금은 다 전국에서 한푼 두푼 모아주신 분들의 성금이다. 밀양 할매 할배들을 걱정해서 다들 넉넉지 않은 형편에 모아준 그 뜻을 알면 그 돈은 아무렇게나 쓸 수가 없다. 루시아는 김밥과 유부초밥을 싸왔고, 나는 소시지 구워서 밥하고 김치랑 가져왔다. 맛도 식당에서 먹는 것보다 훨씬 낫다.

마을회관에 들어갔다. 다들 70대는 훌쩍 넘어 보이는 할매들만 있다. 어딜 가나 똑같다. 송전탑은 꼭 이런 데만 지나가는 것일까. 할매들은 다들 연세가 너무 높아서 그런지 얼굴에 핏기가 없다. 철탑이 들어서고, 어떠시냐고 했더니 한 할머니가 이렇게 말씀하신다.

비 오고, 번개 오고 할 때는 늘 불안하쥬. 가전제품 텔레비전도 벼락 맞고 하잖유. 전화기 같은 것도 그렇고……. 항상 불안휴. 날 궂은 날은 윙 소리가 나쥬.

아침에 눈뜨면 저 커다란 철탑이, 주렁주렁 매달린 송전선이 훤히 다 보이는데, 지금은 만성이 되었지만 처음 몇 년간은 답답하고 몹시 힘들었다고. 트랙터로 논 갈다 빗방울 떨어지면 전기를 잔뜩 머금은 물방울이 부딪치면서 쿵쿵 소리가 난다고 한다. 불안 속에 농사지으며 이제는 다들 자포자기하는 마음이 되었다고. 이제는 선하지를 물고 있는 농토는 근저당 설정도 안 돼서 농사짓다 죽으면 물려받을 사람도 없이 속절없이 죽은 땅이 된단다. 밀양도 앞으로 그렇게 될 것이다. 그게 암울하고, 슬프다.

그래도 우리들 기운 북돋워 주시려고 "밀양은 참 대단하다"고, "그때 우리는 법도 몰랐고 아무것도 몰랐고 알려주는 데도 없어서 그냥 앉아서 당했는데 밀양은 그래도 참 장하다"고 말씀하신다.

송전탑을 막기 위해 투쟁한 때는 1997~1999년이었다. 그때는 자료가 하도 없어서, 농촌봉사활동 온 서울대 학생들에게 부탁해서 학생들이 복사해서 보내준 자료로 전자파 문제에 대해 서툰 공부를 했다.

경과지 마을은 28개나 되었지만, 피해가 큰 몇 마을만 투쟁에 나섰고 대체로 관망하는 분위기였다고 한다. 철탑이 아니라 전봇대라고 생각하고 그냥 넘어가는 분위기에서 박종서 님과 뜻있는 분들이 나선 것이다. 버스 다니는 길을 막으면서까지 강력하게 싸웠는데, 농한기는 어떻게 버텼지만, 농번기 때 공사가 들어오니 결국 힘에 부쳤던 것이다. 그리고 위원장인 박종서 님과 동료 한 분이 구속되면서 투쟁은 급격히 와해되고 말았다.

　한전에서 공사 못 한 것에 대해 손실이 생겼다고 5억 4천만 원을 배상하라고 내용 증명을 보냈더군요. 우리는 거기에 대응한다고 1,100명의 서명을 받았고, 그 뒤로 밀고 당기고 하다가, 그 얼마 뒤에 지도부의 발을 묶을 생각을 했던 것 같아요. 사진이라는 게 희한하더라구요. 한쪽에서 보면 이렇게 얘기하는 것도 각도에 따라서는 때리는 것처럼 사진이 나오고, 트랙터에 기름을 붓는 건데 그걸 또 어떻게 찍었는지 방화 음모 뭐 이런 식으로 끌어들이는 거예요. 기가 막혔죠. 나중에 서류에 보니깐 나를 '수괴'라고 표현을 했데요. 어이가 없어서 무슨 뜻인지 물어봤어요. 결국 저랑 한 친구를 업무방해로 구속을 시키더군요. 그날은 눈이 오고 살얼음이 끼던 날이었는데, 우리 집으로 형사들이 세 명이 왔더라구요. 내복 좀 입어야지 하는데, 예감이 이상해요. 올 게 왔구나. 아니나 다를까, 바로 연행을 하대요.

　조사를 열댓 번 받았나, 물은 것 또 묻고 아주 진절머리 나게 만들더라구요. 예산경찰서 유치장에 있었는데, 제가 들어가 있으니 주민들이 어떻게 할 바를 모르더라구요. 이틀인가 있다가 구속영장이 발부되어서 구속이 되었죠. 그리고 구치소에 쭉 있었는데, 제가 들어가면 어떻게 어떻게 한다 나름대로 준비가 있었는데, 그게 그렇게 안 되더라구요. 우리 농사도 누가 짓는다, 이런 게 있었는데, 그냥 와해가 되고 말았어요. 설날 이틀 남겨놓고서 석방되어서 나왔는데, 그 사이에 이미 합의는 다 봐버렸고. 우리 애들도 그때는 다 초등학생이고, 별 생각이 다 들었어요. 결국 저도 접었죠. 참패를 당한 거죠.

앞장섰던 사람들이 누구는 아들이 공무원이고, 누구는 교사, 군인이고, 이런 저런 이유로 하나 둘씩 빠져나갔다 한다. 어떻게 알고 연락들이 갔던 것이다. 그리고 투쟁 이후에 두 분이 '잘못되었다'고 한다. 한전한테 토지사용승낙서를 써줬는데, 안 써준 것처럼 하다가 젊은 사람들한테 발각되어 창피를 당한 분이 있었다. 그분은 소주를 잡숫고 주무시다가 세상을 버리게 되었다고. 그리고 박종서 님과 같이 구속되었던 분도 석방된 뒤 술을 많이 드셨다 한다. 속상해서 계속 술만 드셨는데, 역시 주무시다가 돌아가셨다고 한다. 여러 영향이 있겠지만, 그 영향이 제일 컸지 않나, 당신은 그런 생각이 든단다. 그 말씀을 하시면서 자꾸 천장을 바라본다. 눈물을 참으시는 것 같다.

철탑 들어온 이후로 마을은 계속 늙어가고, 새로운 젊은 층은 별로 들어오지 않고, 가뜩이나 농촌이 늙어 가는데 여기는 철탑 때문에 젊은 사람들은 아예 들어올 기약이 없는 것이다. 이런 걸 잊으려고, 사람들이 모이면 옛날 얘기 하면서 술을 마시다 보니 예산에서 술이 제일 센 동네로 소문이 났단다.

동네 분위기가 그래유. 기차가 지나가는데 사진 찍으면 잘 나오겠다, 그래

유. 위에는 고압선 있지, 기차 지나가지, 고속도로 차 다니지……. 자기네들 구상대로 맘대로 다하고 있지유. 답답하지유.

나도 답답했다. 뭔가 이 어르신들에게 기운을 불어넣어주고 싶었는지, 나도 모르게 웅변이 터져나왔다.

철탑 때문에예, 우리 후손들이 설 곳 갈 곳도 없어예. 우리 당대에 저거들끼리 잘 묵고 살라꼬 정부하고 한전하고 짜고 치는 고스톱 아입니꺼. 우리 밀양 할매들은 우리 후손들이 이렇게 살면 안 된다고 생각하고 싸우는 겁니더. 제가예, 행정대집행 날 옷을 벗었습니다. 할매 열 명 앉아 있었는데, 소 잡는 칼 같은 걸 들고 와서 천막을 찢고. 아, 우리가 사람을 죽였나 칼을 들었나, 생존권 지키는 우리 할머니들을 그렇게 이 나라 현 정부가 그렇게 했습니다.

국민이 굶으면 대통령도 같이 굶어야 카고, 국민이 아프면 대통령도 같이 아파야 되잖아요. 그런데 지금예, 스타케미칼에는 노동자 한 명이 300일째 굴뚝 위에서 농성을 하고 있습니더. 우리 노인들이 20만 원 그거 받으려고 거기 혹해 가꼬 다 찍어준 거 아입니까. 이래가는 안 됩니다. 나라를 바까야 됩니다.

노인들한테 통할 이야기가 아닌 것은 알지만, 너무 답답해서 내가 한마디 했다. 조금 썰렁한 기운도 있다. 박종서 님이 차분해진 분위기를 이어서 이야기한다.

당진·예산·아산·서산·영광

눈물이 핑 돌았어요, 밀양 사람들 싸우는 것 뉴스에서 보면서. 우리도 그렇게는 못 했는데. 이분들 덕택으로 송주법 보상이 나와서, 여기도 개인별로 전기요금 보조받고 마을에는 봄가을로 마을 관광을 다니려고 하는데, 우리가 밀양 사람들한테 고마워해야 하는 거예요. 그리고, 이건 사실 정부와 한전이 우리를 돈으로 길들여서 마비시키려고 하는 거라고 저는 봐요. 일제시대 때 일본 놈들이 기생과 화투놀음 퍼뜨리는 것하고 똑같다고 봐요. 이 돈 모아서 그렇게 쓰지 말고 좀 더 어려운 곳에 좋은 일에 썼으면 좋겠는데, 그렇게 되는 것 같진 않네요.

할머니 한 분이 그 말씀을 받아서 "우리가 뭘 아나, 남자 하는 대로 따라가는 거지, 우리가 뭘 알아야지" 하는 말에 우리 밀양 주민들이 말문이 터져버렸다. 회장님도, 남편도, "남자 하는 대로 따라가면 안 됩니다!" 하면서 잠시 머뭇하다가 "밀양은 여자 판입니다!" 하고 웃기도 했다. 회장님이 차분하게 말씀하신다.

밀양은 할머니와 여자들이 앞장섰습니다. 남자들 하는 대로 따라가면 안 됩니다. 넘어간 사람들, 찬성으로 돌아선 사람들 대부분 남자들입니다. 이 좋은 땅을 다 못쓰게 해놓고 쓸데없는 땅을 물려주게 생겼어요. 우리 아들딸이 죽어갑니다. 남자들 하는 대로 놔둬서는 안 됩니다.

이렇게 해서 고덕면 구만리 간담회가 끝났다. 마을회관을 나오면서 서로 손잡고 인사를 나누었다. 마음은 다 한가지일 것이다. 다만, 너무

위에는 고압선 있지, 기차 지나가지,
고속도로 차 다니지…….
자기네들 구상대로 맘대로 다하고 있지유. 답답하지유.

들 나이가 드셨고 십수 년간 철탑과 함께 살면서 너무 많이 지치신 것 같았다.

20년 싸움을 잊지 못하는 사람 / 충남 아산시 도고면 효자리

박종서 님 따라 이제 아산시 도고면 효자리로 간다. 765kV 송전선을 따라가는 길이다. 논에 일하러 가는 분을 만나, 길에 잠시 차를 세운다. 친구인 것 같다. 밀양에서 왔다 하니 마스크를 내리고 인사를 한다. 박종서 님과 함께 열심히 투쟁하던 분이라고 한다. "아이고, 그때 일은 생각도 하기 싫여" 하며 사람 좋게 웃는다. 철탑을 안고 철탑을 등에 업고 농사짓고 사는 주민들, 이 넓은 평야 절반을 딱 잘라서 이쪽 마을과 저쪽 마을의 중간을 줄줄이 관통해서 철탑이 지나가고 있다.

감옥에서 나온 박종서 님은 1년 넘게 칩거를 했다고 한다. 몸과 마음이 얼마나 쓰라렸겠는가. 그 후 동네 할머니들과 어울리면서 이분들이 학교를 못 다녀서 글을 모르고 그래서 가스가 떨어져도 전화번호부를 볼 줄 몰라 전화도 못 하는 걸 보고는, 문해해설사 교육을 받고 이분들께 한글 가르쳐주는 봉사를 틈틈이 했다. 글을 깨치고 자신감이 생긴 주민 분들과 함께 이런저런 마을 사업을 하면서 할머니들과 재밌게 잘 지냈다고 한다. 나중에 주민들이 선거에 나가 보라고 해서 군의원에 나가서 당선되어 4년간 일한 적도 있다고 한다.

효자리에 도착했다. 예산에서 지나온 765kV 선로가 도로를 가로질러 마을을 관통해서 지나간다. 그 바로 아래에 마을이 있고 공장이 있다. 철탑 근방에서 구경을 하는데, 철탑 바로 아래 새로 지은 집이 있다. 어떻게 저런 데 집을 지을 수 있었을까 싶어서 궁금하던 차에 마침 집주인 아주머니가 트럭을 타고 들어오기에 말을 붙여보았다. "밀양에서 왔다"고 하니, 말이 떨어지기가 무섭게 "여긴 괜찮아요. 아무 문제없어요. 저흰 2년 전에 집 짓고 들어왔는데요, 우리 딸도 한전 화력발전소에서 일하구요. 그 애 말이, 엄마, 그 사람들 하는 소리 다 거짓말이야, 아무 문제 없어. 그래서 저희도 2년 전에 저 아래 집 짓고 살아요. 아무 문제없어요!" 좌르르르 이야기를 쏟아낸다. 아이고, 이건 무슨 경우인가 싶어서 소음은 괜찮은지 물었더니, 처음엔 아무 소리도 안 들린다고 하다가 "흐리고 그런 날에는 조금 들리긴 한다"고 한다.

대책위의 태철이가 전자파 측정기를 대니 바로 집 아래쪽인데도 7밀리가우스가 나온다. 이건 굉장히 높은 수치인데, 정말 괜찮다는 말일까? 뭔가 좀 이상하고 께름칙했지만, 더 묻지는 않았다. 아마 한전은 저런 집에 송전탑 건설 예정지 주민을 데리고 와서 견학을 시킬 것 같다는 확신이 들었다. 좀 재미있고 서글프기도 하다. 반대 운동하는 사람들이 데리고 다니는 현장이 있고, 찬성하는 쪽에서 데리고 다니는 현장이 있고. 도저히 살 수가 없어서 집을 비워놓고 떠나는 사람과 765kV 철탑 바로 아래 집을 짓고 들어와서 7밀리가우스가 흐르는 아래에서 걱정 없이 사는 사람의 이야기.

이제 박종서 님과 헤어질 때가 되었다. 이미 싸움이 끝난 지가 20년이 다 되어가는데 그때 일을 잊지 못하고, 도움을 청하거나 일이 있을 때마다 힘껏 도와주신다. 대접할 게 없어서 대책위에 성금을 준비했다면서 봉투를 주신다. 못 받겠다고 손사래를 쳐도 막무가내로 꽂아주시기에 어쩔 수 없이 받긴 했다. 인사를 하고 나서 서로 헤어지고 차에 타서 봉투를 열어보니 20만 원이 들어 있다. 아이고야, 이분도 참……. 아무 돈 되는 일도 아닌데 반나절을 쪼개서 안내해준 것도 고맙고 미안한데. 밀양이 싸우는 모습이 이분께 이런 책임감을 얹어준 것 같아 마음이 뜨거워진다.

이 싸움하면서 참 다양한 사람들을 만났다. 2013년 10월 공사 이후에 상경해서 대한문 앞에서, 국회 앞에서 765배를 하던 때가 있었다. 그때 어떤 젊은 사람이 우리 절하는 데 와서 눈물이 글썽글썽하면서 구경하다가 우리한테 봉투를 하나 주었다. 고맙다고 인사하고 나중에 열어보니 100만 원이 들어 있었다. 이런 사람도 있고, 박종서 님 같은 사람도 있다. 아무 이해관계도 없는데 온 마음으로 응원해 주고, 미안해 할 이유가 전혀 없는데 미안해서 어쩔 줄을 몰라 하는 이런 분들이 있다.

이 싸움을 하면서, 돈밖에 모르고 돈 되는 일에만 움직이는 인간들을 적지 않게 보았다. 우리 주민들이 목숨 걸고 투쟁한 대가로 정부와 한전이 여기저기 풀어놓은 돈판에 왁자지껄 꼬여드는 인간들이 있다. 누가 죽든지 말든지 남의 일처럼 보는 인간들이 있는데, 또 이런 사람들도 있는 것이다. 루시아는 독실한 가톨릭 신자인데, 우리 투쟁이 한창일 때는 성당 미사를 많이 빼먹어야 했단다. 그때 성탄절을 앞두고 고백성사를 보러 갔는데, 성사 보시는 신부님이 고해소에서 "루시아 씨죠"

하면서 따뜻한 물을 한 잔 따라 건네주시더란다. 그러면서 "내 마음입니다" 하시는데 그렇게 눈물이 나더라고 이야기해 준다.

밀양은 댈 것도 아니구나 / 충남 서산시 팔봉면 덕송리

오늘 숙소는 녹색당 하승수 변호사의 홍성 집이다. 조금 시간이 일러서 서산 쪽으로 가볼까 의논을 했다. 서산 가로림만 조력발전소를 막아낸 분들도 있고, 집단 암 발병으로 유명한 팔봉면이 있다. 팔봉면은 우리가 한창 싸울 때 암 발생 문제 때문에 언론에 나왔고, 그곳 주민들이 밀양에도 몇 번 다녀간 적이 있다. 차 안에서 즉석 의논을 했는데, 서산 팔봉면으로 가보자고 결정을 했다.

충청도의 산야는 우리 밀양하고 참 다르다. 밀양의 산들은 삐죽삐죽 높고 빽빽한데, 이곳은 야트막한 산과 언덕이 부드러운 느낌을 준다. 그래서 충청도 사람들이 느긋하고 여유가 있고, 우리 경상도 사람들이 성질이 급하고 억센 건가, 그런 생각이 들었다.

조력발전소보다는 송전탑 지역을 가봐야겠다는 의견이 많아서 팔봉면 덕송리로 방향을 잡았다. 차를 타고 바닷가 송전탑 시작되는 지점부터 마을을 한 바퀴 돌아보았다. 그리고, 모두 충격을 받았다. 밀양보다 더하다! 여기는 345kV라는데, 태안화력발전소에서 나와서 아까 우리가 다녀온 신당진변전소까지 가는 두 가닥의 345kV 선로가 마을을 빵 둘러싸고 있다. 송전선이 집과 너무 가깝다. 가까워도 너무 가깝다.

밀양희망버스 때 밀양을 다녀간 이곳 주민들 말로는 철탑 150미터 이내에 사는 사람들 중에서 암이 많았다는 거다. 한 집에 시아버지, 시어머니, 며느리 세 사람이 암에 걸린 집도 있다고 했다. 철탑으로부터 150미터 이내와 150미터 외곽의 암 발병률이 무려 8배나 차이가 나서 언론에 많이 나왔다.

무작정 마을회관으로 찾아갔다. 본격적인 농사철이 시작되기 전이어서 그런지 몇 분 남자 어르신들과 중년 남자들이 있다. 그런데, 마을에는 더한 일이 생겼다. 태안화력발전소가 증설을 해서 두 배로 전기를 더 많이 보낼 수 있는 증용량 공사를 한다는 것이다. 거기다 철탑 보강을 해서 회선을 세 가닥을 더 올린다고 한다. 그래서 345kV이지만 실제로는 765kV급의 전기를 보낼 계획이라고 한다.

입이 딱 벌어지는 이야기였다. 주민들은 지금 충청남도 도청에서 실시한다는 암 역학조사에 기대를 걸고 있기도 하지만, "그게 되겠나" 하는 생각도 하는 것 같았다. 만약에 이게 밝혀진다면 아마도 이 마을만이 아니라 전국의 송전선 인근에서 암으로 돌아가신 분들, 투병한 분들 모두에게 보상을 하거나 이주를 시켜주어야 할 것이다. 그러면 이 좁은 국토에서 송전사업을 못 할 것이고, 송전선을 못 깔면 지금처럼 발전소를 못 지을 것이고, 그러면 핵마피아, 전력마피아들 설 자리가 없어질 것이다. 이건 어마어마한 일이다. 그래서 주민들은 역학조사에 기대를 걸다가 잘못하면 오히려 저들에게 면죄부를 주고 말 것 같다는 판단에 결국 한전과 보상합의를 하게 되었다고 한다. 아, 그랬구나. 그래서 팔봉면 이야기가 한동안 안 나왔구나 싶은 생각이 들었다.

생각이 다른 분도 있었다. 합리적으로 잘 풀어갈 수 있는데 밀양은 어려운 길을 택한 것 같다고 했다. 다른 말은 다 이해할 수 있었는데, "이 싸움은 절대로 못 이긴다"는 말이 탁 걸렸다.

남편이 흥분을 잘 하는 사람이라 걱정이 되었는데, 아닌 게 아니라 남편이 대거리를 하려고 든다. 연락도 없이 불쑥 찾아온 마을에 와서 싸움 나는 건 옳은 게 아니다. 우리보다 피해가 더 큰 사람들 아닌가. 그런 마음으로 안절부절인데, 다행히 남편도 조곤조곤 이야기를 한다.

우리가 꼭 옳은 것도 아니고, 그렇다고 틀린 것도 아닙니다. 우리도 처음에는 우리 재산과 건강권을 지키려고 싸운 게 맞아요. 그런데 살다 보니 이게 인권의 문제인 것을 알겠더라고. 전기가 먼저냐, 사람이 먼저냐, 그런데 한전과 정부는 전기가 먼저라는 식이었어요. 우리 사회 정의를 짓밟고 있기 때문에, 우리들 소수인 약자들이 당하면서 싸울 수밖에 없는 겁니다.

이긴다 진다, 그게 아니라 우리가 무엇을 목적으로 하느냐가 중요한 겁니다. 우리는 바르게 하다가 가는 겁니다. 온갖 협잡 회유, 다 보지 않았습니까. 주민들 꼬여서 밥 사주고, 자식한테 전화해서 자식들 불안하게 해서 자식이 부모한테 전화하게 만들고, 공익을 추구하는 기업이 이래서 되겠냐, 이겁니다. 우리는 그걸 용납을 못하겠다는 겁니다.

사실 이런 분들 만나면 힘이 빠지는 건 사실이다. 우리가 부딪쳤던 한전의 높은 벽과는 또 다른 장벽이 바로 이런 것이다. "절대로 못 이길 것"이라는 패배의식, 좌절감, 이런 소리 하는 사람들, 밀양에도 많았다. 지금도 우리들 주변에 널려 있다. 그렇지만 우리는 개의치 않았다. 반드시 이길 거라고 생각했다.

3년 전, 2012년에도 나는 루시아와 대책위 미디어팀의 이경희 피디와 함께 당진, 예산, 아산을 다닐 때, 그때는 우리는 반드시 이긴다, 우리가 막는 한은 철탑은 절대로 못 들어온다는 확신을 갖고 있었기 때문에 당진에서 보았던 모습에 충격을 받았다. 하지만 우리는 절대로 이렇게 되지는 않으리라는 확신도 있었다. 그러나 우리도 그 뒤 1년여를 더 버티다가 2013년 10월, 열세 번째 공사 재개 때는 하루 3천 명의 어마어마한 경찰에 막혀 현장들이 뚫리고 말았고, 6·11 행정대집행을 겪으며 모든 현장에서 들려나왔다. 결국 철탑은 다 서고 말았다.

한동안은 마음이 몹시 힘들었다. 무엇 때문에 우리가 싸웠는가, 하는 질문과 허무감 때문에 잠을 이룰 수 없었다. 6·11 대집행 당시에 경찰 놈들이 소 잡는 칼을 들고 우리 농성 천막을 북북 찢을 때, 그걸 몸에 쇠사슬을 감고 웃통을 벗은 채 올려다보던 기억이 나면 정말로 괴롭고 힘들었다. 수면제를 먹어야 겨우 잠들기도 했다. 우리는 돈을 더 받기 위해서 싸운 것이 아니다. 조용히 평화롭게, 예전처럼 살고 싶었을 뿐이다.

나는 어릴 때 불 없이 전기 없이 촛불 켜놓고 공부하고 뒷동산에 진달래 피고 하는 시절로 돌아가고 싶다. 솔직히 전기 없는 시절이 나는 훨씬 더 좋았던 것 같다. 전기 때문에 이렇게 고생을 하고 낭비를 하고, 죽이고 서로 싸우게 하는 것이 너무 끔찍하다. 그리고 이 나라 정치가 너무 더럽고 위정자들이 싫다. 정말 이 나라가, 이 국토가 이렇게 가면 어떻게 되겠나. 어디다 발을 디디고 살아야 하나. 그게 가슴이 아픈 것이다. 그래서 지기 싫은 것이다.

한 동네에 암 환자가 그렇게 많은데 과학적으로 규명을 못 해준다고 한다. 전문가들이 다 그렇게 서로 '과학' 이유를 대면서 "입증이 안 된다"고 한단다. 그걸 갖고서 한전 놈들은 "아무 피해가 없으니 안심하라"고 선전들을 하고 다닌다. 철탑이 바로 머리 위로 지나가는 곳에서 24시간 밥을 먹고 잠을 자는데 어떻게 일이 없겠나, 암 환자가 그렇게도 많은데 더 어떤 입증이 필요하다는 말인가.

현 정부가 이렇게 하고 있으니, 지금 우리만이 아니라 저 스타케미칼 차광호 그 친구가 300일 동안 굴뚝 위에서 혼자 농성하고 있는 것이다. 쌍용차 굴뚝도 그렇고. 있을 수가 없는 일이다. 나는 '참'을 밝히고 죽어야겠다. 못 막고 죽더라도 누군가는 우리의 싸움을 이어받지 않겠나. 이기고 지는 것이 중요한 게 아니라, '참'을 밝히는 그게 가장 중요한 것이다. 서산에서 홍성 숙소로 들어오는 길에는 이런 저런 생각으로 차 안에서도 다들 별 말이 없었다.

하승수 변호사의 집에 우리가 온다고 홍성 녹색당 청년들이 기다리고 있다. 그 친구들을 보니 아까 낮에 보았던 박종서 님이나 당진의 이장님을 볼 때처럼 힘이 난다. 이런 청년들이 국회에도 들어가고 곳곳으로 들어가서 일을 해야 할 텐데, 말이다. 이 친구들과 함께 앉아 오늘 하루 돌아다닌 소감을 풀어놓았다. 나는 불교도 기독교도 천주교도 아니지만, 우리 밀양 할매 할배들, 나 같은 사람을 송전탑에 맞서 싸우라고 지시를 해서 이곳 밀양으로 보낸 것 같다. 그런 생각이 드는 밤이다.

이야기를 마치고 나니 너무 피곤하다. 씻고 잠자리에 들었다.

방사능이 뭐꼬?

간밤에는 편하게 잘 잤다. 아침에 일어나서 밥을 근사하게 잘 먹었다. 홍성 풀무학교 전공부의 장길섭 선생님이 새벽에 시내에 나가서 선지해장국을 사 와서 그걸로 밥을 말아서 배불리 먹었다. 충남녹색당 운영위원장님이라는 서천의 아저씨가 또 소곡주라는 지역 특산품을 대병짜리로 세 개나 사 가지고 왔다. 회장님과 남편은 녹색당 식구들이 마을의 '게스트하우스'라는 데로 모셔 주어서 편하게 잘 주무셨다고 한다.

바깥을 나와 보면 늘 이렇게 우리 '밀양 할매 할배들'을 챙겨주는 고마운 사람들을 만난다. 잠자리를 제공해 주고, 밥을 챙겨주고, 헤어질 때는 서로 얼싸안고, 그리고 후원금도 전해준다. 다들 돈을 많이 버는 사람들도 아닐 것이다. 양심이 바르고 세상을 보는 바른 눈을 가진 사람들, 비록 소수지만 나는 이분들이 이 썩어빠진 나라를 지탱해 나가고 있다고 생각한다. 녹색당도 다음 선거에는 꼭 국회에 들어가야 한다고, 그래서 우리랑 같이 싸우자고 내가 헤어지는 자리에서 말했더니 다들 웃으면서 박수를 쳤다. 젊은 친구들과 웃으면서 헤어졌다.

우리는 회장님 건강이 걱정되어서 좀 쉬셨으면 좋겠는데, 오늘 일정도 기어코 함께 하시려 한다. 결국 회장님을 모시고 밀양으로 먼저 출발하기로 되어 있던 대책위의 우창이도 회장님과 함께 영광으로 출발한다. 날씨가 많이 풀려서 봄기운이 완연하다. 서해안고속도로를 타고 내려가는 길이다. 함께 탄 이헌석 에너지정의행동 대표는 밀양에도 자주 내려왔고, 연대해서 나도 잘 알고 있다. 지난 2013년 전문가협의체 때는 주민 측 위원으로 한전의 어용 전기학자들과 싸웠다. 부잣집 아들처럼 생긴 에너지 분야의 전문 활동가이다. 내려가는 차 안에서 방사능에 대한 이야기를 이것저것 해 준다. 나도 방사능이 무섭다고만 알고 있고, 대책위에서 촛불문화제 때 함께 본 영상 정도로만 알고 있을 뿐, 자세한 건 모른다. 귀가 솔깃한 얘기들이 많다.

'코발트60'이라는 방사능 물질이 있다고 한다. 멕시코인가, 어느 민가에 코발트60 물질이 방치되어 있었다고 한다. 아버지는 서른, 어머니는 스물일곱, 그리고 열 살 된 아들과 두 살배기 딸이 살았는데, 네 식구가 그 집에 이사 왔을 때 코발트60 캡슐이 있었다고 한다. 색깔이 너무 신비롭고 아름다워서 아들이 들고 다니기 시작했는데, 그러다가 네 식구가 차례차례로 끔찍하게 앓다가 죽었다는 이야기이다. 방사능에 대해 아무것도 모르던 시절의 이야기이다.

우리는 위대한 과학자로 알고 있고 그래서 세계위인전에 빠짐없이 등장하는 퀴리 부인은 나도 이름을 들어서 알고 있다. 그런데 퀴리 부인에 대한 뒷얘기는 전혀 모르고 있었던 것이다. 퀴리 부인이 라듐을 발견해서 노벨상을 탔는데, 그게 너무 귀한 물질이었단다. 이 대표 이야기로는 우라늄 10톤을 정제해야 라듐 1그램이 나온다는 것이다. 그래서 이걸 어디 두지 못하고, 남들이 훔쳐갈까 봐 겁이 나니깐, 호주머니에 넣고 다녔다는 것이다. 그런 세계적인 대과학자도 그랬다고 하니 서글픈 일이다. 이후에 퀴리 부인은 건강이 갑자기 나빠져서 급성 백혈병으로 죽었다고 한다. 라듐에서 뿜어져 나온 방사선 때문에 그랬을 것이다.

나랑 루시아랑 입이 헤 벌어져서 듣고 있으니깐 이 대표가 이야기를 계속해준다. EBS 다큐멘터리에도 나왔다는 '라듐 걸' 이야기다. 라듐이 방사성 물질이라서 빛을 내니깐 옛날에는 시계 바늘이나 시계 판 숫자에다 라듐을 칠했다는 것이다. 시계 공장에서 일하던 처녀들이 뾰족한 붓이나 바늘 같은 걸로 라듐을 찍어서 칠을 했는데, 회사에서 붓을 입술이나 혀로 핥도록 시켜서 그렇게 라듐을 먹게 된 처녀들이 암에 걸려서 많이 죽었다는 이야기다.

우리가 아는 것보다 모르는 게 많은 것은 그때나 지금이나 다르지 않을 것이다. 누구의 말을 믿어야 하겠나. 전문가들은 핵발전소도 안전하게 관리하고 있으니 걱정 말라고만 하고, 뭐라고 말만 하면 "당신들은 뭘 몰라서 그런다"고만 한다. 바로 옆 나라 일본이 지금 핵발전소 사고로 나라가 망하게 생겼는데, 일본산 생선을 수입하니 안 하니, 대구 생태를 먹니 안 먹니 그 난리를 치면서도 우리 핵발전소는 그렇게 안전하다고 "믿으라"고만 한다.

우리가 탄 스타렉스 봉고차가 영광 IC로 나와야 하는데, 그걸 놓쳐 버렸다. 약속 시간에 늦게 생겼다. 운전하는 대책위의 태철이와 그 옆자리에 앉은 류미례 감독 말로는 내비게이션이 영광 IC를 지날 무렵에서야 "전방 400미터에 영광 IC로 나가는 길"이라고 이야기를 했다는 것이다. 기계가 엉터리로 작동해서 지금 50킬로미터를 더 가게 생겼다. 핵발전소는 부품이 몇만 개라는데, 그 중에 단 몇 개라도 이런 오작동이 없을 수가 있겠는가 말이다. 태철이가 하도 미안해 하기에 "괘안타, 고마, 핵발전소만 안 터지마 된다"고 내가 위로했더니 다들 웃는다.

트랙터로 핵발전소를 뚫고 들어가다 / 영광의 반핵운동

그렇게 함평까지 내려갔다가 30분을 더 달려서 영광 시내에 있는 '영광 한빛원전민간환경감시기구' 사무실 앞에서 내렸다.

2층짜리 자그마한 건물인데, 깔끔하게 잘 정돈되어 있다. 건물의 모양새는 관공서 폼이 나는데, 거기 일하는 분들은 또 '우리 편' 같은 느낌이 든다. 오래 싸우다 보니 사람을 만나면 우리 편인지, 아니면 한전 편─한전 직원, 경찰, 공무원─인지를 먼저 살피게 된다. 그런데 여기는 사람은 우리 편 같은데 건물이 깔끔하고 시설이 잘 되어 있는 게 또 우리 편이 아닌 것도 같다. 나중에 들어보니 이곳은 영광 주민들이 반핵 투쟁을 하도 열심히 해서 정부로부터 따낸 건물이고, 그래서 정부가 관리 운영비와 인건비를 대는 그런 기구이다.

건물 안으로 들어가니 '영광핵발전소 안전성 확보를 위한 공동행동'의 공동대표를 맡고 있는 황대권 선생이 인사말을 한다. '황대권'이라는 이름도 어디서 들어봤고, 저 수염 길쭉하게 난 얼굴을 어디서 본 것도 같다. 밀양에도 다녀간 것 같은데, 누군지 궁금해서 루시아랑 서로 물어보고 있는데, 곁에 있던 이계삼 국장이 『야생초 편지』의 황대권 선생

이잖아요. 옛날 그 〈느낌표〉 프로 있잖아요, 거기 나와서 베스트셀러 됐
던 그 책이요"라고 한다. 아, 맞다. 루시아랑 나랑 동시에 탄성을 질렀다.
이분이 영광 사람이구나, 깜짝 놀랐다. 밀양에서 뵀을 때는 그렇게 유
명한 분인 줄 몰랐는데, 영광에서 탈핵운동을 하고 계셨구나 싶었다.
황대권 선생이 영광 식구들을 대표해서 인사말을 해 주신다.

저는 밀양송전탑 투쟁이 탈핵 투쟁의 역사를 새로 쓰고 있다고 생각합니
다. 제가 지지난 주에 '탈핵 어워드' 행사에 가서 깜짝 놀랐습니다. 거기서 탈
핵에 관련된 100팀을 시상을 했는데, 그 절반이 밀양송전탑 싸움에서 영향
을 받은 그룹들이라는 것을 알았어요. 여러분들은 한국의 대안운동, 탈핵운
동의 새로운 역사를 쓰고 있다고 해도 과언이 아니에요.

이분이 이렇게 칭찬해 주시니 괜히 우쭐해진다. 다큐멘터리 영화 〈핵
마피아〉를 제작하는 팀이 영화 제작의 한 부분으로 이벤트를 준비했다.
전국에서 탈핵을 위해 애쓰는 개인, 단체, 지역 대책위, 모임들을 초대
하여 서로 격려하는 행사였다. 3월 6일인가, 나도 행사장에 갔더랬는데,
나는 밀양 주민을 대표해서 상을 받은 여섯 명 중의 하나였고, 정말 밀
양 관련된 데서 상을 많이 탔다.

우리 대책위도, 밀양희망버스 기획단도, 밀양법률지원단 변호사님들
도, 밀양인권침해감시단의 인권활동가들도, 밀양에 몇 년 동안 농활 왔
던 하자작업장학교, 성미산학교, 푸른숲학교도, 밀양의 큰 행사 때마다
북을 두드리고 공연해주던 페스테쟈 아이들도, 우리 농성장에 밥을 준

비해오던 한살림 아이쿱 생협도, 광명 '밀양댁' 모임, 삼각산재미난마을
의 '해뜸' 모임도, 서울 은평 지역의 밀양과 함께하는 모임, 줄여서 '은
밀함' 연대도, 동화전마을과 지금도 서로 교류하고 있고 용인에서 밀양
공사 중단을 촉구하며 촛불집회를 했던 '문탁네트워크'도, 밀양 현장을
몇 년 동안 살면서 영상에 담았던 이경희 피디, 박배일 감독도 상을 받
았다. 모두 밀양 때문에 탈핵판에 뛰어들게 된 셈이다.

실은 그날 상을 탔던 곳보다 훨씬 더 많은 방방곡곡의 모임과 단체,
학교들, 수녀님, 신부님들, 목사님들이 밀양에 연대했다. 그리고 우리는
모두 '탈핵'을 몸으로 배우게 되었다. 그리고 말이야 바른말이지, 밀양의
산골 평밭마을에서 조용하게 살던 나야말로 이 싸움 덕택에 탈핵운동
한복판에 서게 된 게 아닌가.

이제 영광의 30년 반핵투쟁의 역사를 개략적으로 전해 들을 시간이
다. 영광은 지금 핵발전소 6기가 가동 중이다. 모든 국민이 마찬가지였
지만, 영광 사람들도 방사능이 뭔지도 모른 채 1986년 영광 1·2호기를
맞게 되었다. 그러다가 영광 3·4호기, 그리고 2000년 넘어서는 5·6호
기 저지 투쟁을 겪으며 영광은 반핵운동의 중심지가 되었다.

영광 1·2호기가 1986년에 준공되었다. 그때는 농민회와 가톨릭 정
도가 문제의식을 느끼고 싸우는 정도였다고 한다. 그러다가 1990년대
초반 3·4호기가 들어올 무렵에는 투쟁을 엄청나게 했다고 한다. 이미
핵발전소에서 일하던 노동자가 죽었고, 기형아 출산에 온배수로 인한
어장황폐화까지 이어지면서 영광 3·4호기 공사는 기름을 부은 격이었
단다. 천주교뿐 아니라 영광에 성지를 둔 원불교까지 결합했고, 마을별

로 조직이 만들어졌고, 어떤 주민은 트랙터로 핵발전소 정문을 뚫고 들어가고, 홍보관의 발전소 모형을 불태우는 바람에 활동가 세 명이 구속되기도 했다고 한다. 그러나, 발전소 건설을 끝내 막아내지는 못했다.

원래는 4기로 그쳤어야 하는데, 한번 자리를 잡은 곳에서 야금야금 늘려가는 수법은 변함없어서 다시 2기를 더 짓겠다고 한 모양이다. 그때 반대운동이 폭발했다. 수백 일 농성하고 단식 투쟁하고, 그래서 영광군수가 지역 주민들의 뜻을 받들어 건설 승인 취소를 해버린 것이다. 이제는 중앙정부와 지방정부가 충돌하게 된 것이다. 끝내, 어쩔 수 없이 힘에 밀려 핵발전소 허가는 나고 말았지만, 이런 민간 감시기구를 따낸 것이다. 정부도 한수원도 못 믿으니, 지역 주민들이 직접 방사능 관련 기술자를 뽑아서 감시하는 기구가 1999년에 설립된 것이다.

물론 이 기구는 법적 권한이 없다. 발전소를 멈추게 하거나 자료를 요구할 권한도 없다. 그래도 이분들은 민간 기술자들을 고용해서 이곳의 물과 채소류, 흙을 채취해서 분석하고, 지금은 현장에 들어가서 검증을 요구하는 역할을 매우 활발하게 하고 있다고 한다.

영광 주민들의 저력이 다시 불붙게 된 것은 부안에서 정부가 밀려나기 전 이곳에도 핵폐기장을 지으려는 시도가 있었는데, 그것을 막아낸 것이다.

그때는 노무현 정부 시절이었다. 엄청난 지역 보상금을 걸어 놓고 유치 후보지마다 주민투표를 실시해서 찬성률이 높은 지역에서 핵폐기장을 받아가게 했다. 영광에서도 주민투표에 대한 엄청난 요구가 있었고, 실제로 반대 운동을 하는 분 사이에서도 투표를 하면 우리가 이기는데,

왜 안 하냐는 이야기도 있었다고 한다. 그러나 절대 수용할 수 없었던 건, 투표를 하고 나도 결국 지역이 찬반으로 갈라지고 그것 때문에 설령 이기더라도 서로 골이 생기기 때문이다. 영광은 투표를 끝내 하지 않았다. "우리의 힘으로 이겨내자" 해서 당시 김봉렬 군수가 단독으로 담화문을 발표하고, "자손만대가 살아갈 지역에 방폐장은 있을 수 없다. 영광은 철회한다"고 물러서버린 것이다.

이야기를 들으니, 영 딴 세상 같아서 부럽기도 하고, 우리 처지가 생각나서 속상했다. 지역의 차이인지, 핵발전소, 핵폐기장과 송전탑의 차이인지는 모르지만, 밀양 지역사회는 투쟁이 5~6년을 경과하면서 완전히 등을 돌렸다. 밀양 투쟁이 전국적으로 알려졌고 반대 여론이 만들어졌는데, 그걸 넘어서려고 정부는 밀양에 나노산업단지를 조성해주고 몇백억 원의 돈을 투자했다. 시내에 나가면 "밀양 나노국가산업단지 확정"을 축하하는 현수막으로 도배되어 있다. 그 중에 단 하나라도 "송전탑 경과지 주민들에게 미안하다"고 하는 것은 없다. 우리는 밀양 지역사회로부터 '현대판 고려장'을 당한 것이다. 이게 영광과 밀양의 차이인 것이다.

영광은 후쿠시마 사고를 보면서 다시 신발 끈을 묶었다. '영광핵발전소 안전성 확보를 위한 공동행동'이 발족했다. 영광의 모든 시민단체가 다 달라붙어서 단체를 만들고, 안전 문제를 더 끈질기게 물고 늘어진 것이다.

지금 영광의 큰 고민은 영광핵발전소의 잦은 사고이다. 그리고 한수원이 곧 수명이 끝나는 1·2호기를 연장할 계획을 갖고 있다는 것이다. 부품 비리로 위조 짝퉁 부품을 쓰고, 80여 명이 감옥을 가고, 근무자가 마약을 한 채 일을 하고……. 주민들의 불안은 아마도 하늘을 찌를 것이다.

지금은 또 중저준위 핵폐기물을 경주 방폐장으로 옮기는 문제가 있다. 법에는 육로로는 보낼 수가 없게 되어 있단다. 싣고 가다가 사고가 나면 큰일이기 때문이다. 그래서 배로 보내는데, 서해안은 수심이 낮기 때문에 배를 댈 수가 없어서 뻘을 매년 1.5~2미터씩 파내야 한단다. 뻘에서 일하는 주민들 안전 문제도 그렇고, 해양생태계 파괴도 심각할 것이다.

우리도 질문을 했다. '암' 문제가 제일 심각하니 그걸 먼저 물어보았는데, 역시나 자료가 없단다. 앞에서 이야기하는 부위원장님도 자기 아내는 핵발전소 바로 곁인 영광 법성포에서 4년간 근무하고 갑상샘암에 걸렸고, 스물두 살인 조카도 갑상샘암이라고 한다. 영광군에 거주한 적이 있는 전 국민을 대상으로 조사를 하고 가족력이 있는 분을 빼면 자료가 나올 것인데, 자료가 없다는 건 이해가 안 된다. 전 국민의 건강보험 자료가 있는데, 국회든 어디든 의지만 있다면 조사를 제대로 할 수 있을 텐데, 나는 이해가 안 된다.

초창기에는 이곳에서 사고가 많았다고 한다. 기형 송아지를 출산하고, 기형 어류가 발견되고, 그리고 발전소에서 일하는 직원의 아내가 무뇌아를 출산하는 일이 있었다. 그런데 한수원은 발전소와 전혀 상관없는 일인데 주민들이 들고 일어나서 한바탕 난리가 났다고 말하고 다닌단다. 초창기에는 다들 워낙 무지했고 일손도 없어서 당시에 한전 전기요금 걷으러 다니는 사람들이 발전소 직원으로 일했다는 것이다. 그게

1980년대의 현실이었다.

이제 점심시간이다. 점심 식사는 황대권 선생이 사 주셨다. 법성포 쪽으로 가니깐 온 식당 앞에 굴비 두름을 주렁주렁 매달아놓았다. 영광 굴비가 우리나라 굴비 소비량의 80퍼센트를 책임지고 있다고 한다. 1만 원짜리 굴비정식을 시켰는데 어쩌나 푸짐한지 여기저기서 다들 감탄이다. "역시 전라도"라고 한다. 게장이 짜지 않아 삼삼하고, 김치도 반찬들도 다 맛깔스럽다. 굴비는 부드럽고 고소하다. 밀양도 그렇고 어딜 가도 정식은 2인분부터 주문을 받아줘서 혼자 밥 먹는 사람은 곤란한데, 여기는 한 사람도 주문을 받는지 1인상을 받아 놓고 먹는 사람이 곳곳에 있다. 음식 인심이 후한 것이지만, 무엇보다 사람을 존중할 줄 아는 곳이라는 생각이 든다.

황대권 선생 말로는 굴비 매출액이 연 4천억 원이라고 한다. 식사를 하면서 금세 영광 시민단체 분들과 친해져서 이런저런 이야기들을 많이 했는데, 시커먼 얼굴의 농민회장 정이권 님이 밀양 다녀온 이야기를 한다.

캄캄한 밤에 지팡이 짚고 할매들이 산에서 내려오는 걸 보는데, 아득하더라구요. "이야, 이건 내가 싸워야 할 일이구나" 하는 생각이 들었어요.

영광에서는 농민회가 없으면 아무 일도 안 된다고 한다. 지난 수십 년 이어져 온 영광의 반핵운동을 농민회에서 가장 앞장섰다고 한다. 황대권 선생 말이 이렇다.

서울에서 사회운동가들도 많이 봤고, 그분들과도 일해 봤지만, 이곳 농민회는 도시의 활동가들과 비교가 안 돼요. 그분들의 헌신성과 열정이 대단합니다. 전국 농민회에서도 알아주지만, 이분들이 농사일도 빡빡하게 정말 잘하고, 지역에서 필요한 일들, 또 사회 정의를 세우는 일에 얼마나 열성적으로 나서는지 제가 늘 감탄을 합니다.

그래서 참 부러웠다. 우리 밀양도 '너른마당' 식구들이 이렇게 열성적으로 도와줘서 우리가 무너지지 않고 여기까지 올 수 있었다. 서울에서 높은 분들, 큰 단체 분들도 많이 오셨지만, 우리 지역에서 다들 외면하고 귀찮아하고 그럴 때 몸을 사리지 않고 도와주는 너른마당의 젊은 식구들 덕택에 밀양 싸움이 여기까지 왔듯이, 역시 영광도 그러했던 것 같다. 작은 단체지만 다들 큰일을 하고 있는 것이다.

여하튼 전라도의 인상이 참 좋다. 지역 감정은 당치도 않은 소리라고 생각한다. 밀양 송전탑 일로 몇 번 전라도를 다니다 보면, 사람들이 참 부지런하다는 것이다. 그 너른 들판에, 밭에 빈 데가 없고 노는 땅이 없었다. 밀양에는 노는 땅도 많고, 돈이 안 되면 포기하는 농사도 많은데 여기는 땅을 묵혀둔 걸 본 적이 없다.

민방위 훈련에 잠시 멈춰 섰다 가는 길에 탈핵도보순례단을 만났다. 매주 하루 날을 잡아서 영광 읍내에서 핵발전소까지 걸어서 다니는 순례 행사라는 것이다. 원불교 분들이라는데, 차를 타고 가다 세워놓고 반갑게 인사를 했다. 영광에서 매주 쉬지 않고 이런 활동을 이어나가는 힘도 참 부럽다.

사람도 고장! 기계도 고장! 고장난 한빛원자력 폐쇄하라
- 성산리 비상대책위원회 -

원전옆에서 살아가는 하루하루가 지옥같다
- 성산리 비상대책위원회 -

한빛원전은 한마음공원관리 주민갈등 분열시키는 용역중단하고 집단이주 이행하라
- 성산리 비상대책위원회 -

성산리 주민 이주 대책 마련 촉구 주민결의대회
- 성산리 비상대책위원회 -

짝퉁부품으로 교체가동하는 3·4호기 가동을 즉각 중단하라
- 성산리 비상대책위원회 -

한빛원전은 성산리를 집단이주하라
- 성산리 비상대책위원회 -

핵발전소, 핵비상시 우리 주민들 생명줄 4차선도로 뻘리뻘리 확장하라

발전소 안전위해
ㅓ 안전운영하라
회 -

15년동안 80여개 금속물질 제거안하고 가동하고 있는 핵발ㅈ
안전은 누가? 폭파시 책임은 누가?
- 성산리 비상대책위원회 -

전 한가?
투 안전대책 없다
회 -

믿지 못할 핵, 믿지 못할 발전소, 핵 발전소 즉각 폐쇄히
- 성산리 비상대책위원회 -

한수원 직원과 입씨름을 하다 / 영광핵발전소 홍보관

이제 영광핵발전소 홍보관에 들어왔다. 홍보팀장이라는 차장이 마이크를 들고 주민들에게 설명을 하려고 한다. 한수원이든 한전이든 같은 회사나 다름없는 곳인데, 내가 만나 본 한전 차장, 부장들은 정말 능글능글했고, 사람 약을 살살 올리고, 싱글싱글 웃었다. 화가 나서 어쩔 줄 몰라 하는 우리 머리 꼭대기 위에 있는 놈들 같았다. 그게 더 밉고 보기 싫어서 욕을 하곤 했다. 홍보팀장은 우리가 밀양 송전탑 반대 주민들인지 알면서도 대뜸 "밀양 하면 얼음골이 생각난다"며 친한 척인지 김을 빼자는 것인지 이야기를 그렇게 시작한다.

영광 원전 6기의 전력 생산용량이 600만 킬로와트(kW)라고 한다. 핵발전소에서 전기가 어떻게 만들어지는지 아주 복잡하게 설명을 하는데, 결국은 저 복잡하기 이루 말할 수 없는 물건이 하는 거라고는 '물 끓여 김 내는 것' 아닌가. 물 끓이자고 저 난리 치는 게 나는 우스웠다. 과학 하는 사람들, 전기 하는 사람들은 이 할매의 이야기가 우습게 들릴지 모르지만, 나는 그렇게밖에 보이지 않는다. 저런 거 없어도 우리는 잘 살았다. 핵발전소에서 나온 따뜻한 바닷물로 낚시터를 운영한단다. 서로 손맛 보려고 낚시터가 자리가 없어 난리란다. 놀고들 있구나, 싶다.

핵발전소 옆 굉장히 넓은 땅에 태양광을 한단다. 그런데 거기 전력생산량이 1만 4천 킬로와트란다. 그러니까 같은 땅에 핵발전소를 지으니 '600만'이 나오고 태양광을 하니 '1만 4천'이 나오니, 핵발전소가 얼마나 효율이 좋은지를 자랑하려고 일부러 그런 것 같기도 하다. 내가 너무 나쁘게만 보는지 모르지만, 내 느낌은 그렇다.

이제 설명 들을 것 다 들었다 싶으니, 입씨름이 시작된다.

남편과 내가 먼저 들이댔다. "전기가 모자라지 않는다"고, "이 핵발전소 없애도 된다"고 먼저 치고 나갔다. 한수원 팀장이 "지금은 여유가 있지만, 재작년 여름 한창 어려울 때는 5퍼센트밖에 예비율이 없어서 난리가 나지 않았냐"고 하기에, 이구동성으로 "그때 핵발전소 10기 스톱해서 그런 거는 부품비리 때문에 그런 거 아니요?"라고 했더니 또 별말을 못 한다. 1회전은 끝.

이계삼 국장이 또 들이댔다.

6차 전력수급기본계획은 전력 수요가 매년 2.2퍼센트씩 증가할 것으로 예측하고 발전소를 왕창 새로 지었다. 그런데, 최근 몇 년 증가율이 턱도 없는 수준이라는 게 발표되었다. 저출산으로 인구가 줄고 있고, 전기 많이 쓰는 2차산업이 서서히 중국과 제3세계로 옮겨가는데, 이거 인위적으로 억지로 많이 잡은 거 아니냐?

그 사람이 뭐라고 답했을 것 같은가? "나는 잘 모른다. 그건 산업부에서 조정하고 있을 것이다"라고 한다. 그 사람이 그렇게밖에 말할 수 없는 사정은 이해하지만, 참 어이가 없다. 이 국장이 다시 "그럼 한수원 차장이 아니라, 개인의 입장은 어떤가?" 하고 물으니, "우리 국민이 전기를 너무 펑펑 쓰는 게 문제이고 절약정신이 필요하다"고 말한다. 갑자기 짜증이 팍 솟는다. 나도 목소리가 높아진다. 다들 여기저기서 고함을 핵은 승자도 패자도 없다. 다 죽는다고 했다.
만물에는 수명이 있다. 이거 계속할 건가?

친다. 우리 국민은 전기를 지금 펑펑 쓰고 있는 게 아니다. 누진제 걸려서 다들 아껴 쓰고 있다. 펑펑 쓰는 건 대기업들이다.

"우리나라 핵발전소 개수가 적당하다고 생각하나?" 하고 물으니 "답하기 어렵다. 그러나 좁은 국토에서 원전은 필수적이다. 이만한 효율성을 가진 것도 없다. 생산량을 1기가 차지하는 부지의 넓이로 계산하면 태양광의 138배, 풍력의 500배"라고 한다. 대뜸 아까 생각이 난다. 이곳 원자로 옆에 태양광을 그렇게 넓게 만들어 놓은 것은 신재생에너지를 보급하기 위한 게 아니라, 실은 그 효율성 높다는 핵발전 자랑을 하기 위함이다.

남편이 물었다. "아인슈타인이 말하기를, 핵은 승자도 패자도 없다. 다 죽는다고 했다. 만물에는 수명이 있다. 이거 계속할 건가?" 물으니 "핵발전소 추가 건설은 계속되어야 한다"고 한다. "안전 관리만 잘 하면 된다"면서.

이 국장이 다시 "지금 사용후핵연료 임시저장소가 다 차가는 걸로 안다. 이거 어떡할 거냐? 당신은 몇 년 있다가 퇴직하면 되지만, 우리들과 우리 후손은 이거 어떡하면 좋으냐?" 하고 물었다. 이때부터 입씨름이 이어졌다.

(한수원 팀장) 처분은 국가적으로 준비하고 있는 것으로 알고 있다.

(이계삼 국장) 그건 어떻게 되든 결국 임시 처분장이지 않느냐. 영구처리시설은 아니지 않느냐.

(한수원 팀장) 일본의 로카쇼무라에서 재처리하는 실험을 하고 있다.

(이계삼 국장) 그건 엄청난 돈을 쏟아부었지만 이미 실패했다고 공인된 거 아니냐. 세계적으로 영구처리시설이 단 한 군데도 없다는 게 무얼 말하는 거겠나. 못 만든다.

(한수원 팀장) 만들어질 가능성이 없지 않다. 국가적으로 하는 일이고, 늦기는 했지만.

(이계삼 국장) 이미 늦은 정도가 아니다. 똥통이 꽉 찼다.

(한수원 팀장) 그렇다고 그만하자고 할 수는 없지 않느냐.

(이계삼 국장) 그만해야지. 고리 1호기도 그렇고, 영광 1호기도 어떡할 거냐.

(한수원 팀장) 세계적으로 연장 가동하는 게 58기나 있다. 서류 내고, 설비 보강하고 원안위에서 평가하고 있다. 안전하게 할 것이다.

결국 '안전'에서 끝난다. 같은 말만 반복하고 있다. 듣고 있던 회장님이 말씀하신다. "세월호도 처음부터 제대로 했으면 사고 안 났고, 아이들 안 죽었다. 죽고 나면 누가 책임지나?" 그랬더니 팀장이 겸손한 자세로 이렇게 말한다.

불신 있는 것 잘 알고 있다. 비리와 사고 등으로 신뢰를 드리지 못해서 죄송하다. 나는 회사 생활하면서 어떤 사명감을 갖고 일하고 있다. 나는 똑바로 할 것이다.

내가 듣고 있다가 참지 못하고 "당신 하나 똑바로 한다고 될 일이 아니잖소?" 소리를 치고 말았다. 시간이 많이 흘렀고 대화가 안 될 것 같으니, 홍보관 전시장으로 결국 옮겨갔다.

여기서도 역시 아랍에미리트(UAE)에 핵발전소 수출하는 걸 엄청 자랑해 놓았다. 아랍에미리트 수출하기로 된 모델과 신고리 3호기가 같은 기종이고, 또 밀양 송전탑 공사를 그렇게 강행하는 것도 후딱 송전탑 세워서 신고리 3호기를 돌려서 아랍에미리트에 벌금 물지 않으려는 수작이라는 것을 나도 알기 때문에 이걸 보니 또 열불이 난다. "프랑스 반값에 만들어주고, 만드는 돈도 빌려주고, 거기서 나오는 똥도 치워주고, 이런 나라가 어딨노."

핵발전소를 직접 들러보다

이제 직접 발전소 안으로 들어가 볼 차례다. 2중 3중으로 지문까지 찍고, 수속이 아주 복잡하다. 자기네들은 그 안에서 온갖 비리 다 저지르면서, 이런 수선을 떠는 게 그냥 우습다는 생각이 든다.

영광 3·4호기는 이명박이 현대건설 회장일 때 착공했다고 한다. 정말 어마어마하게 큰 공장이다. 하나 만드는 데 2~3조 원이 들어간단다. 곳곳에 '안전한 에너지, 깨끗한 에너지 원자력'이라고 써 놓고, 어찌나 '안전하고 깨끗하다'고 해대는지 세뇌당하지 않을 수 없을 것 같다.

격납 건물 안으로 들어갔다. 고무 타는 냄새 같은 게 난다. 아무나 잘 안 보여준다는 주 제어실을 보여준다. 텔레비전 뉴스에서 가끔 보았던 곳이다. 카메라 촬영을 절대 못 하게 해서 결국 다큐 감독님 두 분도 빈

손으로 들어왔다. 8시간 3교대로 근무한단다. 수천 개의 버튼이 있는 밀폐된 우주선 같은 곳이다. 여기서 일하는 사람은 한수원 평균 연봉인 7천만 원보다 더 받는다고 하니 아마 억대 연봉을 받을 것도 같다. 화분 하나도 없고, 자연물이 아무것도 없다. 거대한 기계로 둘러싸여 있는 곳이다. "사고가 나면 여기는 어떻게 될까?" 이런 상상이 드는 건 어쩔 수 없다.

이곳은 6.5 지진에도 견딜 수 있게 되어 있단다. 그러면 7.0 지진이 오면 어떡하나? 8.5 지진이 오면 어떡하지? 우리를 안내하는 한수원 팀장에게 당신은 사고 나면 어떻게 하냐고 물었더니, 자기는 비상시에는 군청에 있는 연합정보센터로 가게 되어 있다고 한다. "홍보팀은 좋겠네요." 누가 말했다. 그랬더니 팀장이 "여기 주 제어실이 제일 안전해요"라고 답하기에 누가 "그러면 후쿠시마 사고 때는 왜 다들 도망갔을까요?"라고 하니 별 말을 못 한다.

복도에 한수원이 주최한 '학생 사생대회' 입상작들이 전시되어 있다. 핵발전소를 숲속에 있는 무슨 작은 창고처럼 그려놓은 것도 있고, 별 생각 없이 풍경들을 그려놓은 것 같다. 학교에서도 근무한 이 국장이 "한수원에서 주최하는 대회는 상품도 푸짐하고 도시락도 주고 대우가 좋아서 아이들이 많이 가는 편"이라고 한다.

이제 마지막으로 사용후핵연료를 보관하는 수조로 간다. 창문 하나 사이로 사용후핵연료를 담그는 큰 수영장 같은 곳이 있다. 10만 년 동안 보관해야 한다는 바로 그 물건이다. 뉴스에서 북한 영변 핵시설 나올 때 보던 것과 비슷하게 생겼다. 루시아는 머리가 아프다고 나가려 하고, 대책위 젊은 일꾼들도 무섭다고 나가버린다. 유리창 한 장 사이로 1만 밀리시버트(mSv)가 나온다는 사용후핵연료를 볼 수가 있다니. 저 수영장에 빠지면 죽겠지, 그냥 죽는 게 아니라 끔찍하게 죽는다지, 저 물은 어떻게 할까, 온갖 생각이 난다.

'끌 수 없는 불'이라는 말이 맞을 것이다. 팀장의 설명을 들어 보면, 저 핵연료는 4.5년 동안, 중간에 한두 달 쉬기는 하지만, 54개월 동안 낮밤을 가리지 않고 탄다. 그러고도 불기운이 죽지 않아 찬물에 담가서 또 5~6년씩 보관을 해야 하고, 결국 10만 년 동안 격리해야 한다. 어마어마한 수십만 개의 기계와 부품들이 돌아가는 이곳은 결국 '물 끓이려고' 이 난리를 치르는 것이다. 터지면 나도 죽고 너도 죽고 다 죽는다. 저런 기계를 40년 동안이나 낮밤 가리지 않고 돌리고, 또 20년 더 연장을 한다? 아이고, 나는 도저히 알 수가 없다. 와서 살라고 해도 나는 못 산다. 인간은 신이 아니다. 인간이 하는 일에는 반드시 실수가 따르기 마련이다. 완벽할 수는 없는 것이다. 그걸 알아야 한다. 입구로 나오니 '밝은 빛 맑은 공기, 우리의 원자력'이라고 써 놓았다. 우스울 뿐이다.

견학을 마치고 발전소 건물을 나오니 바로 앞에 성산리 주민들이 컨테이너를 갖다 놓고 농성을 하고 있다. 이주를 시켜달라는 것이다. "하루하루가 지옥 같다", "부실정비 불안하다", "성산리를 집단이주하라" 등등.

발전소 앞에 거의 폐허가 된 빈 마을이 있었다. 함께 간 황대권 선생이 벽마다 그려진 벽화를 보고 "회칠한 무덤 같다. 속은 골병이 들었는데 화장을 한 게 슬프다, 슬퍼" 탄식을 한다. 마을에 교회가 하나 있는데 이름이 '새희망교회'다. 이헌석 대표가 "한수원 교회가 아닌 게 어딥니까"라고 해서 모두 웃었다. 실제로 경주에 가면 '한수원 부동산'이라는 게 있단다.

마을 분위기가 심상찮은 느낌이 있어서 물었더니, 한수원에서 '한마음공원' 위탁관리를 여기 주민대책위한테 주었는데, 그것 때문에 주민대책위가 둘로 나누어졌다고 한다. 서로 위탁받으려고, 그것 때문에 소송이 걸려 있다고 한다. 주민들이 돈으로 깨지는 것은 여기나 밀양이나 다르지 않다. 이곳에는 현장에 있는 노조와 결탁을 해가지고 취업 알선 브로커 노릇하는 사람도 있다고 한다. 서글프다. 돈, 돈.

이제 카메라 감독님들, 이헌석 대표, 사진 기자님과 모두 헤어진다. 그들은 서울로 가고 우리는 밀양으로 간다. 오는 차 안에서는 내내 잤다. 젊은 친구들이 운전하느라 고생이 정말 많다. 꿈결인 듯 아닌 듯 계속 졸면서 왔다. 밀양으로 도착해서 칼국수로 늦은 저녁을 먹었다.

회장님도 남편도 모두 그렇게 가고 싶고 보고 싶었기에 한편으로 흡족하지만, 다른 한편으로는 마음이 무겁다. 아, 정말 큰일이고, 걱정 덩어리들뿐이다. 우리를 환대해주신 분들, '밀양'이라는 이름으로 그들에게 큰 폐를 끼친 듯해서 밀양에 도착하니 그분들 얼굴이 떠오른다. 미안한 마음, 그리고 사랑스러운 마음이 물결친다.

이틀 동안 정말 많은 곳을 다녔고, 보았다. 우리가 싸운 것이 틀리지 않았음을 확인하는 시간이었다. 고마운 분들 만나면 힘이 나고, 여기저기서 우리가 앞으로 이길 수 있으리라는 희망도 보았지만, 주눅 들어 있는 이들도 보았다.

결국 우리가 힘을 모아 세상을 바꾸어야 하는 것이다. 밀양이 싸운 것과 우리가 이틀간 보았던 모순이 만나면 큰일을 낼 수 있을 것이다. 나는 그것을 바라고 있다.

내일 모레면 칠십이 되는 나, 한옥순의 희망은 이것이다. 세상을 디비는 것.

나쁜 놈들

그렇게 안전하다고, 안전을 위해 자기는 최선을 다하겠다고 홍보팀장이 다짐을 했지만, 기행 다녀온 며칠 뒤 언론에 '영광핵발전소 증기발생기에 쇳조각과 너트가 발견되었다고, 어떻게 유입된 것인지 경로도 모르고 있다'는 기사가 떴다. 얼마 뒤 더 자세한 이야기를 들었다. 지난 15년 동안 금속조각 수십 개가 박혀 있는 걸 알고도 가동을 해오고 주민들에게 알리지도 않았다고 한다. 작년 10월에 그 이물질로 증기발생기세관이 손상되어서 11억 베크렐이나 되는 방사성 물질이 유출되고 나니 이제서야 조사해서 89개나 있다는 걸 알았다고 한다. 11억 베크렐이 얼마나 되는 양인지 모르지만, 엄청 심각한 것은 알 것 같다. 있을 수 없는 일이다. 그런데 55개만 제거하고 그냥 가동하겠단다. 미친 놈들이다. 그때 만났던 영광 주민들이 다시 서울에 올라가 원자력안전위원회 앞에서 화가 나서 울부짖는 것을 인터넷으로 본다. 나쁜 놈들.

| 수도권 전력공급 요충 기지, 충남 |

이번에 기행을 다녀온 당진을 비롯해 태안, 보령 등 충남지역 해안가에 석탄 화력발전소가 밀집해 있다. 현재 당진, 보령, 태안 세 곳에 각각 8기씩 모두 24 기, 서천에 2기 등 충남에만 모두 26기, 12,400메가와트(MW)의 화력발전소가 있다. 이는 우리나라 화력발전소의 42퍼센트에 달하는 엄청난 양이다.

이처럼 충남에 화력발전소가 몰려 있는 것은 수도권 전력을 공급하기 위한 것이다. 지역에서 소비한 전력량을 생산량으로 나눈 비를 전력자급율로 표현 하는데, 2013년 충남의 전력자급율은 266.7퍼센트에 이른다. 바꿔 말해 충남 은 지역에서 사용하는 전력의 2.6배를 생산하고 있다는 뜻이다. 반면 서울의 전력자급율은 4.7퍼센트에 그치고 있다.

• 발전소를 지어도 송전탑이 없어 가동을 못 하는 상황

이처럼 발전소가 많다 보니 요즘 당진에는 새로운 문제가 생겼다. 송전선로 고장에 대비해 여유 송전망을 설치하는 문제로 논란이 되고 있다. 우리나라의 전력망은 한 곳에 대규모 발전단지를 짓고 대도시로 전력을 공급하는 중앙집 중식 공급 체계를 갖고 있다. 그렇다 보니 송전탑이 쓰러지는 등 송전망 고장 에 매우 취약하다. 현재와 같은 중앙집중식 전력공급 체계를 유지한 상태에서 대규모 정전을 막기 위해서는 추가로 송전탑을 설치할 수밖에 없다. 두 개 이

상의 송전탑이 모두 고장날 확률은 그만큼 작기 때문이다.

당진의 경우, 당진화력에서 북당진변전소까지 345kV 예비송전망 건설이 제시되었다. 이 예비송전망 건설 비용을 누가 부담하는가를 두고 현재 논란 중이다. 일반적으로 송전선로 건설 비용은 한전이 담당하고 있으나, 한전은 발전소 증설로 인한 예비송전망이니 당진 화력발전소를 운영하는 동서발전이 부담해야 한다는 입장이다. 결국 의견이 조율되지 않자, 동서발전은 정부에 "예비송전망 없이 당진 9·10호기를 가동할 수 있는지 판단해 달라"는 재정신청을 내놓은 상태이다. 송전선로 건설에 최소 3~5년이 걸리기 때문에 이 문제가 해결되지 않으면 2015년 말 완공을 앞둔 당진 9호기가 가동되지 못하는 사상 초유의 사태가 생길 수도 있다.

• 발전소-송전탑-발전소 건설로 이어지는 비극

예비송전망 문제는 발전사업자 입장에서 보면 비용 문제이지만, 인근에 살고 있는 지역 주민의 입장에서 보면 이는 악순환의 시작이다. 정부는 대규모 화력발전단지를 계획했지만, 처음 석탄화력발전소가 들어설 때만 해도 지역 주민들은 이곳에 10기의 화력발전소가 들어설 것이라고 상상하지 못했다.

항상 송전망은 전기를 보내는 송전 용량보다 넉넉하게 설계한다. 만약 사고 등으로 송전망이 못쓰게 되더라도 정전 사태를 막기 위해서이다. 하지만 전력 업계 입장에서 보면, 넉넉한 송전망은 추가로 발전소를 짓는 데 유리한 장점으로 작용한다. 추가로 송전탑을 짓는 비용을 들이지 않아도 되기 때문이다. 그래서 발전소를 추가하다 보면, 기존 송전망을 늘리는 것은 물론이고 예비송전망까지 새로 건설해야 한다. 또 다시 늘어난 송전 용량을 채우기 위해 발전소를 짓는 악순환을 거듭하게 된다.

이런 악순환은 당진에서도 벌어지고 있다. 당진에는 공기업인 동서발전이 운영하거나 건설 중인 10기의 석탄화력발전 이외에도 SK와 GS 등 대기업이 추가로 LNG복합화력을 준비하고 있다. 추가 송전망 인프라를 활용할 수 있다는 점은 이들 발전소 선정 과정에서 장점으로 평가받았고, 결국 지역 주민들은 더 많은 발전소와 송전탑에 둘러싸인 채 살게 된 것이다.

| 한국 반핵운동의 중심지, 전남 영광 |

한국 반핵운동 역사에서 영광은 빼놓을 수 없는 지역이다. 외국의 경우, 핵무기 반대운동으로 시작해 1970년대 핵발전소 반대운동이 확산되었다. 하지만 오랫동안 군부독재 시절을 거치면서 사회운동 전체가 탄압받던 우리나라에서 반핵운동은 매우 뒤늦게 시작되었다. 1970년 고리핵발전소 건설 당시 고리 지역 이주를 둘러싼 시위나 1985년 영광 가미미해수욕장 보상운동 등이 벌어지기는 했지만, 본격적인 의미의 반핵운동은 아니었다.

• 무뇌아 사건과 핵발전소 주변 역학 조사

1987년 6월 민주화항쟁으로 민주주의에 대한 열망이 높아지자, 그동안 잘 알려지지 않았던 사건·사고들이 쏟아져 나오기 시작한다. 1988년 10월 고리 핵발전소 노동자 박신우 씨(당시 48세, 고리핵발전소 10년 근무) 임파선암 사망 사고, 1989년 8월에는 영광과 고리의 노동자들이 기형아를 출산하는 사건이 연이어 발생했다.

특히 1988년 7월, 영광핵발전소 일용직 노동자 김익성 씨의 무뇌아 출산 사건은 전국을 뒤흔들었다. 영광핵발전소에서 근무하던 김익성 씨는 방사선관리구역 근무 이후 두 차례 무뇌아를 유산하였고, 이 사실이 알려지자 영광은 물론 전국적인 큰 이슈가 되었다. 이후 조사에서 방사선관리구역 출입 기록 미비 등 안전관리가 허술했다는 사실이 밝혀졌으나, 무뇌아와 피폭 문제에 대해서는 명확한 사실이 밝혀지지 못했다. 지금도 한수원은 당시 사건이 '해프닝'이었으며, 과학적 근거가 없이 선정적인 보도만 이뤄졌다고 평가한다.

이 사건을 계기로 전국적으로 '원전 종사자 및 주변지역 주민 역학조사 연구'가 진행되었고, 1991년부터 2011년까지 20년 동안 진행한 역학조사 결과가 2011년 발표되기도 했다.

• 핵발전소와 핵폐기장 반대운동을 이어온 영광 지역 주민들

영광 무뇌아 사건은 영광에 지어질 핵발전소 11·12호기(현 영광 3·4호기, 당시 정부에서는 고리 1호기를 시작으로 건설 순서에 따라 번호를 붙였다. 영광 3호기는 우리나라 열한 번째 핵발전소이다) 반대운동에 주요한 기폭제가 되었다. 1988~1989년을 고비로 1994년까지 계속된 영광 3·4호기 반대운동은 이후 영광 5·6호기 반대운동, 2002년 영광 핵폐기장 반대운동으로 이어진다. 영광은 지역 반핵운동을 넘어서는 큰 힘으로 반대운동을 벌여오고 있다. 1996년 민간환경감시기구를 정부에 먼저 제안한 것이나 2013년 한수원 부품 비리와 영광 3호기 원자로 헤드 결함 등 핵발전소 안전에 대해 집중하는 것 역시 영광 지역 주민들이 다른 지역과 다른 점이다.

특히 1996년 영광 지역의 제안으로 시작되어 1998년부터 전국에서 설치된 민간환경감시기구는 지자체와 지역 주민이 핵발전소 안전에 직접 참여할 수 있는 길을 열었다는 점에서 의미가 크다. 제한된 역할로 인해 직접 핵발전소

내부를 감시하거나 감독할 수 있는 권한은 없지만, 지역 주민들이 믿을 수 있는 전문가를 통해 직접 안전을 확인하고 지적할 수 있다는 점에서 큰 역할을 많이 하고 있다.

- 끊이지 않는 사건·사고-한수원 부품비리와 원자로 헤드 균열, 쇳조각 발표

최근 영광핵발전소엔 사건·사고가 끊이지 않고 있다. 2013년 전국을 떠들썩하게 만들었던 한수원 부품 비리 사건의 가장 큰 피해지가 영광이다. 당시 민관합동조사단의 발표에 따르면, 최근 10년간 한수원에 납품된 품질서류(시험성적사나 품질검증서 등) 위조 부품은 모두 561개 품목 13,794개에 이른다. 이중 영광 5·6호기에 납품된 부품이 105개 품목 6,606개였다. 또한 이들 부품 중 실제 설치된 부품을 보면, 341개 품목 6,494개 부품인데, 그 중 영광 5·6호기에 설치된 것이 4,655개에 이른다. 우리나라에서 현재 가동 중인 핵발전소가 23기라는 점을 생각해보면 영광 5·6호기에 부품 비리가 집중되어 있는 것을 알 수 있다.

또한 영광 3호기는, 현재는 결함이 발견되어 사용하지 않은 '인코넬-600' 재질을 사용해 원자로와 증기발생기를 제조하여 설계수명보다 균열 등 결함이 빨리 발견되고 있다. 이에 따라 원자로의 뚜껑에 해당하는 헤드와 증기발생기 세관에서 결함이 계속 발견되고 있다. 또한 증기발생기 내부에서는 원인을 알 수 없는 수십 개의 쇳조각이 발견되어 그 중 일부를 제거하고 제거할 수 없는 일부는 그대로 둔 채 재가동 하는 등 사건·사고가 끊이지 않고 있다.

| 우리나라의 주요 발전소와 송전선로 현황 |

우리나라 송전선로의 역사는 대규모 발전단지의 역사와 동일하다. 345kV 송전탑은 1977년 고리 1호기 완공에 즈음해 건설되었으며, 765kV 송전탑은 1999년 당진 1호기가 완공될 즈음 건설되었다. 이 두 지역은 모두 발전소 단지가 건설된 곳으로 현재 각각 6기와 8기의 발전소가 가동 중에 있다. 2000년대를 거치면서 송전선로 건설 계획은 수도권에 집중된다. 수도권 전력부하를 감당하기에는 기존 신안성—신가평, 신태백—신가평 765kV 송전선로만으로는 부족했기 때문이다. 현재는 신태백—신가평을 보완하기 위한 신울진—신경기 765kV 송전선로 계획이 추진 중에 있다.

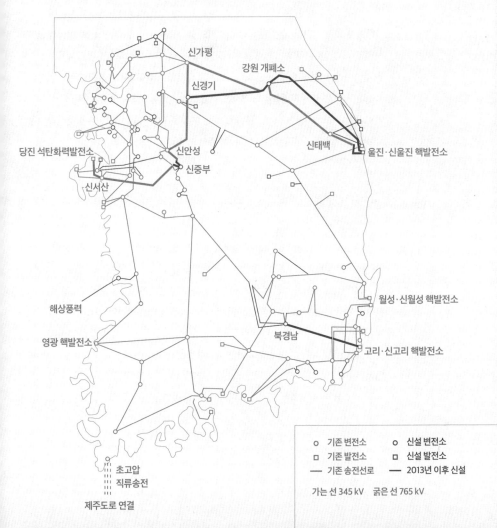

| 중저준위 핵폐기물과 고준위 핵폐기물 |

핵폐기물은 방사성 물질의 종류와 세기에 따라 중저준위 핵폐기물과 고준위 핵폐기물로 구분된다. 암 치료용 방사선 동위원소, 핵발전소의 장갑과 방호복, 필터 등 상대적으로 방사선 준위가 낮은 물질은 중저준위 핵폐기물로 분류된다. 핵발전소에서 나온 핵폐기물은 현재 각 핵발전소 부지 내에 보관하고 있으며, 그 외의 것들은 대전 한국원자력연구원 내에 보관하고 있다. 중저준위 핵폐기물은 조만간 준공될 경주핵폐기장으로 옮겨져 처분될 예정이다. 중저준위 핵폐기물은 약 300~400년 이상 생태계로부터 격리되어야 한다.

반면, 고준위 핵폐기물은 방사선 준위가 높고 뜨거운 열도 발생하기 때문에 보관이 까다롭다. 보관 기간이 10만 년 이상으로 거의 영구적으로 격리시켜야 하고, 발생하는 열을 식히기 위한 작업이 병행되어야 하기 때문이다. 우리나라의 고준위 핵폐기물은 주로 사용후핵연료이다. 사용후핵연료는 핵발전소 원자로에서 꺼낸 핵연료를 말하는데, 사용이 끝난 핵연료라도 방사선 준위가 높고 열이 계속 발생하기 때문에 깊이 10미터 정도의 붕산수 수조에서 최소 7년 이상 열기를 식혀야 한다. 우리나라의 사용후핵연료는 모두 핵발전소 부지 내에 임시 보관되어 있다.

| 갑상샘암 역학조사와 균도네 소송 |

정부 의뢰로 서울대 연구팀이 1991년부터 2011년까지 20년 동안 진행한 '원전 종사자 및 주변지역 주민 역학조사 연구' 결과에 따르면 월성핵발전소 인근 여성 갑상샘암 환자가 무관한 지역보다 2.5배 높은 것으로 나타났다. 하지만 연구팀은 이 결과에 대해 "핵발전소 방사선과 주민 암 발병 위험도 간에 인과 관계가 있다는 증거는 없다"고 밝혀 논란이 계속 되고 있다. 핵발전소 인근에서 측정한 방사선 데이터가 기준치 이내이고 이 때문에 암 발병이 늘어났다고 보기 힘들다는 것이다. 다시 말해 암 발병이 높은 것은 사실이지만, 핵발전소 때문은 아니라는 것이다.

반면 부산지법 동부지원은 2014년 10월, 고리핵발전소 인근에 살고 있는 균도네 가족이 낸 소송에서 "핵발전소 기준치 이하의 방사선을 방출한다 하더라도 장기간 노출된 주민이 갑상샘암에 걸렸다면 핵발전소 운영자가 배상할 책임이 있다"며 원고 일부 승소 판결했다. 한수원의 책임을 물은 최초의 판결이었다. 현재 균도네 가족의 소송은 2심이 진행 중에 있으며, 전국 핵발전소 인근에 사는 갑상샘암 환자 500여 명이 참가하는 공동 소송도 진행 중에 있다.

김영자 김종천 김영순 조원규 (주민)
이계삼 김우창 김태철 남어진 (밀양대책위)
박일헌 류미례 (영상)
정택용 (사진)
이헌석 (안내)

1일차 : 381.9km
밀양 출발 – 강원도 횡성군 공근면 부창리 – 횡성군 청일면 신대리 – 강원도 평창군 봉평면 진조리

2일차 : 489.9km
경기도 여주시 금사면 전북리 – 경기도 광주시 곤지암읍 삼합리 – 경기도 안성시 고삼면 쌍지리 신안성변전소
– 밀양 도착

고 시골사람 다죽이냐
비 뻔전소 송전탑 세워라

터
3

나는 김영자다. 밀양시 상동면 여수마을에 산
다. 수려할 려(麗), 물 수(水), 마을 앞으로 빈지소라는 맑은 강이 흐른
다. 아침에 고추 하우스에 일하러 나와 강가에 물안개가 피어오르는 것
을 보노라면 이 세상이 아닌 것처럼 아름다운 곳이다. 물론 이제는 철
탑과 주렁주렁 매달린 송전선 때문에 옛날의 풍경을 다 잃어버리긴 했
지만. 나는 상동면 고정마을에서 태어나서 스물네 살에 이 마을에 시
집 와 평생을 살았다.

나는 비닐하우스에서 고추 농사를 하고, 가을에는 감을 따서 내다
판다. 농사일은 힘들어도 재미가 있다. 정년퇴임이 없으니, 공무원보다
낫다. 내가 사장이니 남 밑에서 싫은 소리 들을 일도 없다. 아침에 하우
스에 들어가면 대롱대롱 매달려 있는 놈들이 그렇게 이쁠 수가 없다. 농
사로 돈 벌어서 시동생들 뒷바라지 하고, 자식들 공부시켜서 대처로 내
보낼 수 있었다.

홍고추 금이 좋아서 한 박스에 17만 5천 원 하던 적이 있었다. 한 박
스에 7만 5천 원만 해도 좋은 편인데, 10만 원이 더 붙어 나오니, "이렇
게 많이 받아도 되나. 칼만 안 들었지, 강도 아니가" 혼잣말 하던 때가

있었다. 같이 농사하는 사람들하고 사돈에 팔촌까지 다 불러 시내 중국집 가서 듣지도 보지도 못한 요리들 왕창 시켜 배불리 먹고 오니 다음날에 시세가 10만 원이 떨어져 도로아미타불된 웃지 못할 추억도 있다. 하우스 농사는 열심히 정성스럽게만 하면 돈도 되고 재미가 있었다. 그렇게 일하고 돈 모아서 우리 집을 처음 지어서 들어가던 날, 세상을 다 가진 것처럼 행복했다. 그렇게 살았다.

사람들은 나를 '총무님'이라고 부른다. 상동면 대책위 총무 일을 보다가 지금은 아예 내 호칭으로 굳어져버렸다. 실제로 나는 총무 인생을 살았다. 마을에서도 총무였고, 농가주부모임에서도 총무를 했고, 이 싸움하면서는 상동면 대책위뿐만 아니라 조경태 국회의원이 주관한 한전과 주민대표들의 회담 때도 나는 주민 측 총무였다. 자질구레한 일들 챙기고, 연락하고, 사람 모으고, 서명지 받고 하는 그런 일이 나는 체질에 맞았다.

2005년 12월, 난생 처음 데모라는 걸 했다. 이미 2000년도에 노선 선정이 시작되어 계획이 발표되었다고 들었다. 2005년 환경영향평가 마을 설명회를 했지만, 아는 사람이 아무도 없었다. 우리 마을에 사는 귀농한 선생님 자매가 이미 무슨 무슨 절차가 끝났고 좀 있으면 우리 송전탑 부지와 선하지가 수용당한다고, 땅 빼앗긴다는 이야기를 전해준 것이다. 마른하늘에 날벼락도 유분수지, 무슨 이런 일 있단 말이고. 마을 사람들이 마을회관에 먼지가 뽀얗게 앉아 있던 북과 꽹과리를 싣고 한전 밀양지사 앞으로 가서 북 치고 떠들고 고래고래 소리 지르다가 돌아왔다. 그게 밀양 송전탑 투쟁의 첫 번째 데모였다. 그때 이 싸움이

10년이나 끌게 될 줄 누가 알았겠나.

그렇지만 사람들은 그때만 해도 별로 실감을 하지 못했다. 765kV가 뭔지, 신고리가 뭔지, 우리는 아무것도 몰랐다. 사람들은 그냥 '전봇대'라고 했다. 좀 키가 큰 전봇대가 들어오겠거니 생각했던 마을 사람들이 크게 놀란 것은, 우리 마을 아주머니 한 분이 농협에 대출을 신청하러 갔는데 765kV 선로 예정지라고 대출을 반려당하고 와서 그 이야기를 동네 사람들한테 하고 다니면서부터였다. "우리 재산 다 뺏긴다더라." "키가 100미터가 넘는 괴물이라더라."

그렇게 시작한 싸움이었다. 그 사이 산전수전공중전 안 겪어본 일이 없고, 안 당한 일이 없다. 이제 나는 상동면 경과지 마을 중에서도 제일 앞장서는 아지매가 되어 있다. 그렇게 오랜 세월 앞장서서 일하던 사람들이 돌아서고, 이제는 나 같은 아지매들, 할매들만 남았다.

3월 9일 아침, 봉고차 한 대, 승용차 한 대에 주민 네 명, 대책위 활동가 네 명, 영상 찍는 류미례, 박일헌 감독님과 사진 찍는 정택용 작가가 출발했다.

함께 가는 주민들은 우리 마을의 김종천 할아버지. 자그마한 체구에 평생을 농사지어 온 의로운 어른이다. 말씀을 잘 해서 주민 집회 때 가끔 연설을 하시는데, 6·11 행정대집행 당하고 서울 올라가서 한전 앞에서 항의 집회하고 철탑 모형 부수고 난리치던 날 하신 연설은 지금도 이야기된다. 그때 이 어른이 마이크 잡고 "우리 남은 인생 똑바로 살자. 한전 경찰 저런 놈들처럼 우리 자식들 키워서는 안 된다. 하늘 무서운 줄을 알아야 된다"며 장하게 연설해서 주민들이 한입으로 "대통령 나가소" 했다. 그래서 그때부터 4개면 반대 주민들 사이에서는 '대통령'으로 불리는 어른이다.

내 친정 올케이기도 한 짝지, 고정마을 김영순 언니가 함께 간다. 청도에서 태어나 우리 친정에 시집 와서 또한 평생을 일만 했다. 친정 오빠가 편찮은데도 수발 들면서 집안 살림 해내고, 고정마을의 반대 주민들 뒷바라지에 농성장 음식까지, 몸이 몇 개라도 모지랄 지경인데 한마디 불평하는 걸 본 적이 없다. 입바른 소리도 잘 해서 돈 몇 푼 받고 넘어간 찬성 주민들이 우리 언니를 무서워한다. 일이 없을 때는 우리 하우스에 와서 종일토록 일을 거들어준다.

그리고 한 분은 금호마을 120가구 중에서 모두 다 합의했지만, 오직 혼자 합의하지 않고 버티고 계시는 조원규 님이다. 그러고 보니 세상 기준에서 보면 다들 예사롭지는 않은 사람들이다. 그렇지만 우리가 뭐 별스럽겠나. 양심을 지키고, 내가 지금껏 누려온 것들을 소중하게 여기는 평범한 농민들일 뿐이다.

길을 나서니 설레서 그랬는지 간밤에는 잠을 많이 설쳤다. 아침에 찰밥을 찌고 밑반찬을 챙겨 도시락을 쌌다. 그렇잖아도 형편 어려운 대책위 돈을 조금이라도 아껴야 싶어서. 물씬 봄기운이 닥쳐온 것을 느낀다. 2012년에도 2013년에도 2014년에도 송전탑 싸움하느라, 하우스 고추 따지도 못하고 내버린 게 얼마인 줄 모른다. 봄이 오는 줄도 모르고 가는 줄도 모르고, 그렇게 몇 년의 봄을 데모하느라 보냈다.

가는 길에 고속도로에서 큰 사고가 났다. 중앙고속도로 동명휴게소 지날 무렵에 길이 막히기 시작하더니 차가 서버렸다. 고속도로에 서서 두 시간을 기다렸다. 오늘 횡성에서만 모임이 세 건이 약속되어 있다는데, 큰일이다. 트럭에 실린 정원석들이 떨어져서 뒤따라오던 차들이 그것 피하느라 큰 교통사고가 났다고 한다. 사람이 죽지나 않았을까. 우리 갈 길이 바빠서 저 끔찍한 불행을 지나쳐온다. 우리 밀양 주민들이 당했던 불행도 아마 세상 사람들은 고속도로에서 뒤집힌 저 트럭처럼 지나쳐버렸을지 모를 일이다.

'전봇대'라더마는 지 맘대로 다 했네 / 횡성군 공근면 부창리

길이 뚫리기 시작하자 속도를 엄청 내서 한 시간 정도 늦게 도착했다. 횡성 IC를 지나서 공근면 부창리로 들어섰다. 밀양만큼이나 절경이다. 굽이굽이 도는 물길, 눈 녹은 물이 계곡을 졸졸 흐른다.

우리나라에서 두 번째 765kV 선로라고 한다. 울진핵발전소에서 신태백변전소를 거쳐 강원도 평창, 횡성을 거쳐 경기 북부의 신가평변전소로 가는 765kV 송전선. 이 마을에만 12기가 들어섰단다. 이 동네 사람들은 이렇게 되도록 그냥 내버려둔 것일까. "데모를 안 하이…… 지 맘대로 다 했네. 데모를 하면 이리 됐겠나." 나도 모르게 혼잣말을 했다.

횡성환경운동연합 김효영 국장님이 부창리 한 주민의 집으로 안내를 해 준다. 함성호 님 댁이다. 가는 길에도 철탑 바로 아래 폐가가 있다. 살다가 못 견디고 떠나버린 집이다. 아이고야, 어떻게 철탑 바로 아래에 집이 있을 수가 있나. 다른 데도 아니고 765kV 아래. 상용화되는 세계 최고압 송전선에 100미터가 넘는 철탑을 사람이 살고 있는 집 바로 위로 꽂고 지나가는 것이 있을 수 있는 일인가. 밀양에도 이런 집은 없다. 아이고야, 한숨 밖에 나오지 않는다.

밀양 10년 투쟁이 일구어낸 그나마의 성과라고 할 수 있는 것이 '송주법'이 제정된 것이다. '송·변전설비 주변지역 보상 및 지원에 관한 법률'. 이걸 저놈들은 처음에는 '밀양법'이라고 불렀다. 한전과 정부, 보수 언론이 '밀양법' 제정되면 밀양 보상 문제도 해결되고 갈등도 해결되는 것처럼 선전을 했다. 정작 밀양 주민들은 찬성파든 반대파든 "그걸로는 턱도 없다"고 반대했는데, 일제히 '밀양법'이라고 이름 붙이고 무슨 큰 변화라도 되는 듯이 선전을 하니, 뭣 모르는 세상 인심이 그렇게 흘러간 것이다.

물론 진전이 없는 것은 아니다. 수십 년간 송전선 인근 주민들 재산을 강탈하고 생존권을 결딴내다시피하면서 송전탑을 세워온 것에 비하면 진전이라면 진전이다. 옛날에는 송전선 좌우 3미터만 감정가 20퍼센트 정도 값으로 보상을 하던 걸 33미터로 늘렸다. 물론 34미터부터는 한 푼도 없고 땅이 팔리지도 않고 사실상 못쓰게 되는 것은 말할 필요가 없다. 765kV 선로가 지나가는 1킬로미터 이내 마을에는 해마다 지원금을 조금 준다. 그리고 선로 좌우 180미터 이내에 있는 주택은 사들인다. 물론 181미터부터는 그대로 있어야 한다. 기준도 근거도 뭔지 모른다. 그냥, 정부와 한전이 그렇게 만들었고 국회의원들이 통과시켜 주었다.

우리는 줄기차게 이야기했다. 우리는 돈이 필요하지 않다고. 이제 이

좁은 국토에서 송전탑 더 세울 데도 없다. 이런 식으로 핵발전소 짓고 송전탑 꽂으면 후손이 살 수도 없다. 그러니, '송전탑 잘 짓도록 하는 법'이 아니라 '송전탑이 필요 없는 법'을 만들라고 요구한 것이다. 핵발전소 더 짓지 말고, 송전탑 더 세우지 말고, 세우더라도 땅 밑으로 선을 묻고, 전기 필요한 곳에서 직접 만들어 쓰는 분산형 전원으로 바꾸라고 요구한 것이다. 밀양 주민들이 송주법 때문에 버스로 서울 국회 앞에 몇 번이나 올라갔는지 모른다. 그렇지만, 이 법은 결국 여야 합의로 제정되고 말았다.

그런데, 이 꼴을 보니 다시 열불이 난다. 송주법을 만들었으면, 당연히 기존에 피해를 입어오던 주민도 혜택을 받아야 한다. 철탑 바로 아래에 있는 이런 집이라면 당연히 이주 대상이 되어야 하지만, 기존 선로는 혜택에서 제외시켜버렸다. 그래서 우리 대책위에서 변호사들과 함께 헌법재판소에 위헌심판을 청구했다. 말이 안 되지 않는가. 도저히 살 수가 없어서 아예 집을 비워놓고 떠나야 하는, 내놓아도 팔릴 리가 없으니 그냥 버려두고 떠난 이런 집부터 구제하는 것은 너무 당연한 것이다.

함성호 님의 집을 포함해서 이 골짜기에만 선로 바로 아래에 집이 세 채나 있지만, 그대로 내버려 둔 것이다. 황소개구리가 꾸무럭꾸무럭 하는 것 같은 소리, 뭔가 드글드글 하는 소리가 들린다. 송전 소음이 아주 심각하다. 밤에 잠을 잘 수가 없단다. 날이 흐리거나 비가 올 때 소음이 창문이 흔들릴 정도라고 하니 말 다했다. 축사 바로 옆 야산으로 올라가니 대책위에서 들고 간 휴대용 전자파 측정기 수치가 쑥쑥 올라간다. 금세 17.28밀리가우스가 된다.

"데모를 안 하이……. 지 맘대로 다 했네.
데모를 하면 이리 됐겠나." 나도 모르게 혼잣말을 했다.

함성호 님은 젊을 때는 전기공사를 하는 개인 사업을 했다고 한다. 월성 1호기에서도 일을 했다고 한다. 그러다가 다 '말아 먹고' 부도 처리를 한 뒤에 소를 키우려고 이곳으로 왔는데, 바로 2년 뒤에 765kV 철탑이 들어왔다. "벌 받았네예" 내가 농담을 했더니, 함씨 아저씨도 사람 좋게 웃고 모두가 하하 호호 웃었다.

지가 하락은 분명해요. 쳐다보지도 않아요. 땅 보러 왔다가 철탑 쳐다보고는 "에이~" 하더니, 두말도 않고 돌아가요. 건강에도 영향을 줘요. 철탑 바로 아래에서 자면 한 대 맞은 것처럼 몸이 우리~한 게, 틀려요. 그래서 잠은 못 자고 거기서 떨어진 집으로 옮겨서 자요. 우리 동네 김○○, 신○○, 조○○ 다 암이고, 이○○ 씨도 암이고. 선로 바로 밑에 사는 사람들에게는 암이 오더라구요. 자고 일어나면 시원하지가 않아. 여름철에 번개만 번쩍 하면 코드를 다 뽑아야 해요. 그 밑에는 백 프로예요. 텔레비전, 컴퓨터 몇 개씩 날려먹었어요. 한전에 이야기해도 모른 척해요. 수리는 턱도 없구요.

우리가 밀양에서 데모할 때, 철탑이 들어오면 이렇게 될 거라고 걱정했던 게 지금 그대로 현실이 되어 있다. 밀양도 이제 17~18년 지나면 그렇게 되지 않겠나. 누가 들어오겠나. 살던 사람들만 하나 둘 세상 떠나면 마을은 점점 폐허가 되지 않겠나. 밀양도 곧 이 마을의 뒤를 따를 것이다.

마을회관에 주민들이 모여 있다. 밀양에서 왔다고 많이들 모여 주시니 황공하다. 모두 호호 할매들, 얼굴에 검버섯 핀 할배들이다. 우리 동네 어른들하고 얼굴이 똑같다. 송전탑 지나가는 마을의 얼굴들은 다들 이렇게 비슷하다.

이장님 설명이 이렇다. 마을 주민들이 나서서 합의를 한 것도 아니고, 군청에서 주민들 대신 한 '위임 합의'였다고 한다. 그리고 합의금은 군에서 위임받아 집행을 해서 도로 포장을 했다고 한다. 군에서 마땅히 해야 할 지역사업을 한전 합의금으로 하다니, 그것도 속상한 이야기지만, 주민들은 당시에 철탑에 대해서 아무것도 몰랐다는 것이다. 지금 주민들이 입었던 피해를 돈으로 환산하면 얼마가 되겠는가. 그 마음 상하고 매일매일 쳐다볼 때마다 속상한 것, 소음으로 전자파로 농작물과 사람과 짐승이 입은 피해를 어떻게 돈으로 계산하겠는가. 그런데 이걸 주민들은 중간에서 어떤 소리도 못 내보고 앉아서 당하고, 합의도 합의금 집행도 모두 군에서 대행을 하고, 주민들은 바지저고리가 되었다.

행정에서 국책사업이라고 지원을 했어요. 주민들에게 알리지도 않고. 민원을 제기한 분들은 합의서 작성되었는지 안 되었는지도 몰랐어요. 번영회장, 주민대표 이장, 230명의 연명부가 첨부되는데, 당시 이장이 주민 57명의 도장을 찍고 혼자서 다 작성했어요. 공사가 될 때에 주민들이 하나둘 모여서 반대를 해 봤는데, 시골이고, 사람들이 순하고, 데모를 해 봤나요, 뭐. 결집도 안 되고, 싸우는 방법도 모르고. 이웃한 청일면과도 연대했고, 녹색연합 환경단체 지원도 받았지만, 미약했어요. 뚜렷한 의식도 없었고, 변호사 선임도 했지만, 또 해보니깐 어떻게 늘어지는지, 시간을 질질 끌어지면서 합의까지 가도록 방조한 게 아닌가 싶을 정도였으니까요. 속절없었죠, 뭐.

그러고 나서도 이야기는 이어진다. 그러면 약속대로 도로 확장이라도 잘 해줘야 하는데, 예산은 6억이고 한전에서 받은 보상금은 2억이었다. 그래서 주민들은 군에다 위임하고 포장까지 해주는 걸로 했는데, 확장만 하고 포장은 안 해준 것이다. 가구 수에서도 다른 마을에 밀리고, 결국 포장이 다 끝난 건 12년이 흐른 뒤였다. 주민도 모르게 합의되어 도로 포장까지 12년이 걸린 것이다.

그런데, 문제는 그 다음이다. 합의를 하고 났을 때, 저쪽에서 765kV 선로가 한 개가 아니라 둘이 간다는 뉘앙스를 남기더란다. 그리고 15년이 지나면서부터 복선 이야기가 나오기 시작했다. 지금 지나는 765kV 선로는 울진핵발전소에서 오는 것이다. 그런데 2019년에 그 옆에 신울진 1~2호기가 완공되면 다시 새로운 765kV 선로를 경기 남부 쪽에 있는 신경기변전소까지 200킬로미터를 깐다는 것이다. 그리고 두 765kV를 X자로 교차하도록 해서 개폐소라는 것을 만들면 한쪽에서 사고가 나서 선로를 못 쓰게 되더라도 스위치로 연결해주면 한쪽은 온전하게 쓸 수 있게 한다는 건데, 그 개폐소를 바로 이웃한 평창군 봉평면 진조리에 만들기로 약속했다는 것이다. 그렇게 되면 이곳 횡성은 765kV 선로가 두 개가 지나게 되는 것이다. 그래서 주민들이 다시 술렁이고 있는 것이다.

765kV가 두 개 지나간다는 이야기가 나오니깐 주민들은 근심이 말로 다할 수가 없다. 회관에 모여 있는 주민들 얼굴에 그렇게 쓰여 있다. 그런데 횡성환경운동연합 김효영 국장이 더 무시무시한 이야기를 한다.

개폐소가 하나 더 올 수도 있어요. 지금 박근혜 정부가 발표한 '국가에너지기본계획'대로라면 동해안 삼척 위쪽 고성까지는 핵발전소, 화력발전소로 덮일 겁니다. 그러면 또 그 전력을 수도권으로 실어 날라야 하는데, 결국 평창, 횡성을 지날 수밖에 없어요. 평창 진조리에 잡아놓은 개폐소 위치가 그대로면 이곳 횡성을 지나는 것은 당연한 거구요. 지금 발전소 계획이 워낙 많기 때문에 이대로라면 개폐소가 두 개가 생길 수도 있고, 그러면 765kV 선로는 몇 개가 될지도 모를 겁니다.

이건 미친 이야기가 아닌가. 정말 이대로 될까 싶기도 하다. 우리가 밀양에서 10년 싸우면서 똑똑히 배운 게 있다. "가만히 있으면 당한다"는 것이다. 눈 뜨고 코 베이는 세상이다. 한전 조환익 사장이 2013년도에 밀양에 왔을 때 분명히 이야기했다. "밀양을 겪으면서, 앞으로 765kV를 계속할 수 있을까 하는 생각이 들었다"고. 당시 한전 사장은 밀양을 문턱이 닳도록 드나들었다. 그때 주민들을 만나 이야기한 걸 나는 똑똑히 기억하고 있다. 그런데 평창, 횡성에서 765kV가 이미 지나가는 곳에 하나를 더 깔고, 또 하나 더 깔 수도 있을 거라는 걱정이 들려온다. 미친 거지, 미치지 않고서는 할 수 없는 소리다.

한전은 여기서도 주민들 동향을 세세하게 체크하고 자기네들끼리 재빠르게 움직이는 모양이다. 김효영 국장 말이, 어느 지역 언론사와 인터뷰하면서 "횡성에서 송전탑 대책위 꾸릴 거"라고 했더니, 한전 경인건설처에서 다음날 새벽에 전화를 했단다. "송전선 위치도 안 나왔는데 뭔 대책위냐"면서. 익숙한 이야기다. 우리도 잘 알고 있다. 한전이 제일 무

돈 몇백만 원에 영혼을 팔 수는 없지 않습니까?

서워하고 그래서 발빠르게 대처하는 게 뭔지를.

함께 간 금호마을의 조원규 님이 한말씀 하신다. 원래 말수가 적고 어디서든 자기 의견을 별로 말씀하지 않지만, 금호마을에서 120가구가 한전의 합의금을 받고 싸움을 중단할 때 "돈 몇백만 원에 영혼을 팔 수 없다"고 하면서 거부하신 분이다.

어딜 가든 한전에서 주는 먹이에 길들여져 기운을 다 잃어버린 모습을 봅니다. 안타깝습니다. 이곳에 와 보니 또한 너무 착잡합니다. 앞으로 어떤 일이 생길지는 모르나, 단결해서 현혹 안 되기를 바랍니다. 산에서 그렇게 싸우던 할머니들 상당수가 한전에서 관광 보내주고 온천 보내주고 그러니 거기에 길들여져 함께 싸우던 기억을 다 잊어버린 것을 보면 너무 안타깝습니다.

그런 것이다. 지금 밀양에서 남아 있는 225세대 주민들이 그저 그 기억을 잊어버릴 수가 없어서 버티고 있는 것이다. 사실, 별다른 기약이 없지만 잊지 않으려고, '그저' 버티는 것이다.

한 번은 참고 삽니다 / 횡성군 청일면 신대리

청일면 신대리로 이동한다. 야트막한 산과 산 사이 맑은 시내가 흐르고, 어딜 봐도 그림처럼 이쁜 풍경인데, 거기에는 어김없이 765kV 송전탑이 떡하니 버티고서 송전선을 주렁주렁 늘어뜨리고 있다.

신대리도 765kV 송전탑의 직격탄을 맞은 곳이다. 강원의 마지막 청정지역이라고 하는데, 철탑 때문에 '조졌다'고 이야기한다. 집 바로 위로 765kV 송전선이 지나가는 어느 집으로 갔다. 웅웅거리는 소리는 항상 들리는 것이고, 안개 낀 날은 "누가 산에서 라디오 틀었냐"고 할 정도로 와글와글거리는 소리가 난다고. 이 집 주인은 지금 병명도 안 나오는 병을 앓고 있다고 한다. 한 달 사이에 부부가 같이 암으로 세상을 떠난 집도 있다고 한다. 집값은 평당 30~40만 원이었는데 지금은 15만 원이래도 안 산다고.

신대리 마을회관에 들어섰다. 인사치레인지 모르지만, 밀양에서 왔다고 하면 한결같이 반가워하고 고마워도 한다.

신대리 주민들도 공사가 들어오기 전까지는 아무것도 모르고 있었다. 대한민국에서 송전탑 서 있는 어디를 가도 반드시 들을 수 있는 얘기다. 절대 당사자들에게, 해당 마을에 알리지 않는 것, 여론 수렴은 고사하고 사실조차도 알리지 않고 추진하는 것은 거의 철칙인 것 같다. 주민들은 어떻게 싸우게 되었을까. 한전이 공사를 위해 진입로를 내려고 산에 길을 냈는데, 여기 산이 악산이라 그해 여름 수해가 나서 산사태로 동네가 거의 묻히다시피 했다는 것이다. 동네 사람들이 가만히 있으면 안 되겠다 해서, 그때부터 데모를 하게 되었다고 한다.

횡성에서 765kV 송전탑 반대 싸움을 우리 동네가 시작했습니다. 나는 경찰서에는 안 끌려갔지만, 유동 1리 주민은 재판까지 받았어요. 한전이 하청을 준 회사 놈들이 깡패를 고용한 거야. 그놈들이 우리 동네 연세 드신 분을 현실에선 아무리 싸워도 이길 재간이 없어.
며칠 그렇게 당하고 나니, "나는 죽어도 못 싸운다"는데
어떡해. 거기다 한전 놈들은 꼭 바쁠 때 그러더라고.
모심기 바로 밑에 와서 그러더라고.

제압하는데, 아……. 이건 정말 말이 아니더라고. 몇 분이 병원에 오랫동안 입원을 하셨어요.

주민들만 싸웠고, 이웃 유동 2리에서도 도와주고 했지만 무인지경으로 당했다는 이야기들이다. 용역 깡패들한테 당한 이야기를 많이 한다. 동네 어르신들을 제압하는 장면을 1회용 카메라로 숨어서 찍으면 그걸 용역들이 또 빼앗아버리고, 경찰은 산 아래 있으면서 올라와 보지도 않고.

우리도 농성막을 치고, 거기서 점심 저녁 다 해 먹고, 주민들이 다 모였어요. 뭐, 걸어갈 수 있는 사람이면 다 모였죠.

깡패 놈들이 사람들을 끌어내더라고, 끌어내는 게 아니라 막 집어던지는 거야. 여자들이 말리니깐 꼭 끌어안고, 지금 같으면 완전 성추행인데.

그때 현실에선 아무리 싸워도 이길 재간이 없어. 며칠 그렇게 당하고 나니, "나는 죽어도 못 싸운다"는데 어떡해. 거기다 한전 놈들은 꼭 바쁠 때 그러더라고. 모심기 바로 밑에 와서 그러더라고. 온몸에 멍이 다 들었는데 모는 심어야 되지. 노인네들이 싸우다 싸우다 피멍이 들고 병원에 실려 가고 까무러치고. 노인네들이 질린 거라. 결국 합의를 하고 말았지.

그 사이 이야기를 들으니, 또 기가 막히는 게 있다. 지금 한전은 송주법에 의해 기존 선로 주민들에게 마을보상금을 약간 준다. 전기요금에 해당하는 월 몇만 원 정도 되는 돈인데, 이걸 받으면 새로 들어오는 765kV 선로에 대해서도 반대하지 못한다는 소문이 나 있단다. 법에 의해서 나오는 돈과 새로운 선로는 별개다. 이런 소문의 진원지는 알 수가 없지만, 설령 주민들이 그런 소리를 하더라도 공기업이 정확한 정보를 알려주고 적극적으로 해명을 해야 하는데, 그러지를 않는다는 것이다.

어쨌든 새로 들어올지도 모른다는 765kV 선로를 두고 주민들은 부글부글 끓는다. 이곳 군수도 "한번은 희생했지만, 두 번은 안 한다"며 결의가 대단하단다. 물론 고마운 일이기는 하지만 "철탑 세우려면 먼저 내 머리 만디(끝)부터 철탑 꽂고 지나가라"며 큰소리를 치다가 새누리당으로 당적 바꾸고 금세 철탑 세우는 일에 앞장섰던 전임 밀양시장 엄 아무개를 생각하니, 그것도 믿을 거는 못 되겠다 싶다. 그런 사람들 생리가 의리, 신뢰 이런 쪽은 아닌 게 분명한 것 같다.

신대리 마을회관에는 역대 이장님의 사진들이 주욱 걸려 있다. 한 사람 한 사람, 엄하고 단단한 얼굴들이다. 오래된 마을의 자부심 같은 게 느껴진다. 이장님이 말씀하신다.

한 번은 이렇게 참고 삽니다. 그렇지만, 횡성 청일은 '765'가 다시 지나가면 안 됩니다. (그렇게 되면) 여기서 살 가치가 없습니다.

이장님 곁에 앉은 다른 노인 한 분이 말씀하신다.

다들, 각본대로 움직이는 거라. 지들 각본대로 가는 거요. 우리들은 다 엑스트라들이고.

그 소리를 듣고 영순 언니가 곁에서 한마디 했다.

그래도, 막아야지요. 우리는 뽑을 때까지 싸울 겁니다.

그 어르신 말씀이 맞을지도 모른다. 우리 밀양 싸움도 10년을 버텨왔으나 끝내 저들의 각본대로 되었다. 그러나 우리가 각본대로 하는 엑스트라였던 것만은 아니다. 그 과정에서 얼마나 많은 연대자들이 밀양을 찾았고 만남들이 만들어졌던가. 수십 년간 저들 하고 싶은 대로 다 되어왔지만, 그렇게 되지 않을 수 있다는 가능성도 보았다. 철벽같던 에너지정책도 밀양 싸움을 기점으로 조금씩 바뀌어가고 있다.

그리고 우리에게는 오기가 있다. 저놈들 각본대로 되는 걸 보고 있지만은 않을 거라는. 그리고 막상 겪어보니 지들의 각본도 별것 아니었다. 다 '돈지랄' 아니었던가. 우리는 그 돈지랄 별시리 부러워도 않고, 우리끼리 된장 끓여놓고 정답게 밥 먹는 것 말고 별로 바라지도 않는다. 한전은 밀양에서도 어쨌든 자기들 각본대로 다 되었다고 만족하고 있을지도 모른다. 하지만 길고 짧은 건 대봐야 알 것이다.

어둑해질 무렵 진조리 마을회관에 닿았다. 새로 지은 마을회관 바로 뒷산으로 765kV 송전선이 지나가고 있다. 이곳은 횡성과 평창의 경계지역이다. 이장님의 말투가 바로 곁에 있는 횡성 말투와 완전히 다른 강원도 억양이다. 몇 킬로미터 떨어져 있는데 이렇게 말투가 달라지다니, 신기하다.

이장님 말씀의 핵심은 이렇다. "평창 개폐소는 어차피 들어온다고 보았고, 그래서 2013년에 입지 선정된 것을 우리가 수용했지만, 송전선 지나가는 건 빼 달라는 게 우리 입장"이라는 것이다. 얘기를 들어보니, 그 입지 선정이란 것도 진조리 주민들이 선택한 것이 아니라 주어진 걸 마지못해서 받아들인 것뿐이었다. 개폐소입지선정위원회에 지역 사람은 진조리 주민도 아닌 읍내 주민인 군 번영회장 한 사람뿐이었고, 누가 어떻게 선정했는지는 아무도 모른다고 한다. 거의 내부적으로 결정되었을 때 주민들이 알게 되어 마을에서는 손을 쓸 수가 없었다는 얘기다. 나는 마음이 답답했다. 아직 싸움이 시작되기도 전인데, 그렇게 쉽게 수용을 해서 될 일인가 싶었다.

김효영 사무국장의 이야기는 한전이 이렇게 수용된 개폐소 입지를 갖고, 이제 송전선 입지 선정을 하자고 들이댄다는 것이다. 자기들 말은 2019년 신울진핵발전소가 건설되면 시간도 없거니와 이제 와서 입지를 옮기거나 하면 민원이 예상되어서 진조리를 포기할 수가 없다는 것이다.

마을 사람들이 비교적 쉽게 합의를 해 준 건 다른 사연이 있다. 개폐소는 마을에서 멀리 떨어진 산 속에 들어올 것이고, 심지어 철탑 두 개를 마을 쪽에서 뽑아서 산 쪽으로 끌어올려주겠다고 약속을 한 것이다. 대개 시골 사람들은 이런 조건들이 뭔가 께름칙하긴 해도 국가가 하는 일이니 틀린 게 있겠나 싶어서 합의를 하는 것이다. 그러면 한전은 이 약속을 발판으로 개폐소 입지를 기정사실화하면서, 다른 곳까지 하나 둘 무너뜨리는 근거로 삼는 것이다.

청일면 신대리 주민 이기태 씨가 진조리까지 따라왔다. 이분이 뭔가 하고 싶은 말씀이 있는 것 같다. 대충 짐작은 되지만, 이분 표정이 간절하다. 무릎을 꿇고 말을 한다.

진조리로 개폐소가 오면 새 765kV 선로가 반드시 우리 마을을 지나가게 됩니다. 그리 되면 765kV 선로가 이미 관통하고 있는 우리 마을은 이제 다 옮겨가야 합니다. 도저히 살 수가 없어요. 그런데 땅값도 떨어지고 팔리지도 않아서, 이주를 할 수도 없습니다. 횡성에서는 군수가 환경운동연합 총회에 가서 "우리는 (765kV 선로) 하나도 배가 부르다. 절대로 안 된다"고 했지만, 진조리에 개폐소가 들어오면 어쩔 수가 없는 것입니다. 저희 횡성은 개폐소도 안 받을 거고, 송전탑도 안 받을 겁니다. 아직 진조리가 돈을 안 받은 상황이라면 제발 좀 막아주십시오.

저는 시골에서 작게 농사짓는 사람인데, 이제는 밀양이든 서울이든 송전탑 일이면 어디든 쫓아다닙니다. 제 바람이 뭡니까. 그냥 이대로 살게 해달라는 겁니다. 말이야 바른 말이지, 이렇게 해서 이건희한테 돈 갖다 주는 거 아닙니까. 진조리도 우리 신대리랑 서로 합심해서 싸우면 좋겠습니다.

제 바람이 뭡니까.
그냥 이대로 살게 해달라는 겁니다.

분위기가 많이 숙연해졌다. 진조리는 개폐소 자체로는 큰 피해가 없지만, 765kV 선로가 하나 더 지나가게 된다면 문제가 달라진다. 신대리는 선로 두 개가 지나가게 되어 초토화가 된다. 이 사정을 서로 잘 알면서도 지금껏 말도 못 하고 있다가 오늘 이 자리에 찾아온 신대리 주민의 호소로 이야기가 시작된다. 진조리 이장님이 말한다.

옛날에, 밝은 세월이 아닐 때 어영부영 765kV 하나가 지나갔고, 우리는 잘 몰랐어요. 그리고 2013년에 개폐소만 이야기했지, 선로는 이야기 안 했습니다. 합의금도 받지 않았구요. 오늘을 계기로 해서 우리도 좀 의논을 해야겠네요. 그 얘기가 맞을 것 같습니다. 서로 연계를 합시다.

금세 분위기가 환해졌다. 이런 자리가 진작에 마련되었어야 했다. 한전의 술책이 그런 것 아니겠나. 마을과 마을을 떼어놓고, 마을 안에서도 강경파와 수용파를 떼어놓고, 마을 주민들과 연대 단체들을 떼어놓고, 그런 다음 힘없고 약하고 순한 사람들부터, 자신들이 다루기 좋은 마을부터 하나씩 밟아 끝내 마지막 남은 곳까지 정복하는 방식.

진조리가 개폐소 유치 철회를 선언하면 대안이 있는가 하고 누가 묻자, 몇 사람이 동시에 외치듯이 말한다. "대안은 한전이 찾아야지!"

내가 가만히 있을 수 없어서 또 한마디 한다.

우리도 그랬습니다. 우리 밀양도, 노후원전 폐쇄하고 기존 선로로 보내면 되는데 왜 그러느냐, 수도 없이 이야기했는데 안 듣데예.

우리 젊을 때, 데모하는 장면 테레비에 많이 나왔잖아요. 그러면 그때 저 인간들 밥 처묵고 할 일 디게 없다, 욕했던 사람이 접니더. 투표만 하면 1번밖에 찍을 줄 몰랐어예. 근데 이제는 안 그렇습니다. 국민이 안 된다고 하면 못 하는 겁니더. 힘없는 곳이라고 송전탑을 농사짓는 논밭에 아무데나 꽂고, 다른 길이 있는데 그 길로는 안 가고, 힘없는 사람들 사는 데로 돌아 돌아 오는 철탑을 보면서 우리가 데모를 했어예.

국책사업인데 막는다고 되나? 이러면서 포기를 많이 하십디더. 근데, 막상 피해를 보니깐 달라지더라고예. 나중에 많이들 합의하고 돌아섰지마는, 우리는 어르신들 고생하셨던 모습을 생각하면 분하고 억울해서 합의서에 도장 못 찍고 있습니더.

이기태 씨가 말을 또 거든다. 아마도 송전탑 공사 때 경찰과 대치하던 밀양에 다녀간 모양이다. 그이가 밀양에서 할머니들이 경찰버스를 수색하던 이야기를 해준다. 할머니들이 길을 막고 있다가 경찰버스가 교대하려고 올라오면 차에 올라가서 "잠시 검문이 있겠습니다" 하고는, 한전 직원이 숨었나 일일이 둘러봤다. 경찰버스 여섯 대를 할머니들이 모두 샅샅이 검문하는 걸 보고 이기태 씨가 깜짝 놀랐다고 한다.

코미디 같지만 그건 사실이었다. 주민들이 하도 막고 있으니 한전 직원을 경찰버스에 숨겨 공사현장으로 올려 보낸다는 소문이 퍼졌고, 그래서 주민들이 한동안 모든 경찰버스를 검문했다. 경찰버스가 검문을 안 받으려 하면 도로를 점거하고 경찰버스 통행을 완전히 막아버렸다. 샅샅이 경찰버스를 검문하고 올려 보내고 나면, 주민들끼리 노래도 부르고 손뼉도 치고 스트레스를 풀었다. 우리가 얼마나 당했느냐 말이다.

르고 손뼉도 치고 스트레스를 풀었다. 우리가 얼마나 당했느냐 말이다. 어르신들이 도로를 막고 농성하면서 거기서 식사를 하는데, 통행 방해한다고 진압하면서 도시락 걷어차고, 밥통이 날아가고, 국냄비가 엎어졌던 순간들을 우리가 어찌 잊어버리겠느냐 말이다.

간담회를 마칠 무렵, 이장님이 한 번 더 "신대리 주민들을 생각해서라도 개폐소 수용에 대해 재검토하고, 신대리와 연계하는 걸 추진해 보겠다"고 약속을 한다. 이기태 씨의 얼굴도 환해지고, 주민들도 고개를 끄덕인다.

보람 있는 만남이었다. 진조리, 신대리 주민들과 헤어져 캄캄한 밤에 황태국밥으로 늦은 저녁을 먹었다. 날씨가 갑자기 추워졌다. 역시 강원도의 추위는 다르다. 간밤에 잠을 설친 데다가 새벽부터 강행군을 했더니 몸이 천근만근이다. 펜션으로 들어가 씻자마자 바로 곯아떨어졌다.

후보지들끼리 싸우게 만들다 / 여주시 금사면 전북리

다음날 아침 일찍 약속한 여주시 금사면 전북리로 향한다. 금사면 전북리는 신경기변전소 후보지 다섯 곳 중 하나다. 신울진핵발전소에서 백두대간을 지나 수도권으로 765kV 전력을 보내는 200킬로미터짜리 초대형 사업이다.

우리 밀양도 그렇지만, 이 다섯 곳도 초창기의 밀양과 비슷한 것 같다. 지역 주민조직과 관이 결합하여 어쨌든 한목소리로 "우리 지역은 안 된다"는 격렬한 표현들을 하고 있다. 이곳으로 가는 길에는 도로 양옆이 현수막으로 도배가 되어 있다.

갑자기 추워진 날씨에다 강풍이 분다. 예정지로 가는 농로 입구에 초소가 하나 서 있다. 농성 초소를 보니, 우리 싸움 때가 생각난다. 밀양에는 한때 9개의 농성장이 유지되던 시절이 있었다. 평밭에 세 개, 위양에 두 개, 금곡헬기장에, 밀양댐에, 바드리에, 동화전 96번에 농성장이 움직이던 시절이 있었다. 거기서 먹고 자던 세월이 얼마였나. 6·11 행정대집행이 끝나고 이제는 8개 마을에 한 군데씩, 8개의 사랑방이 있다. 지금은 거기서 매주 몸살림 강좌도 하고, 함께 밥도 먹고, 연대자들이 오면 숙소로도 내준다. 이 허름한 임시 건물이 싸움에서는 정말 중요한 공간이 된다. 말 그대로 '진지'가 된다.

전북리 대책위는 우리가 115번 철탑 선하지에서 겨우내 농성하던 지난 2월 3일에 밀양을 다녀갔다. 전세버스 한 대로 와서 떡국과 성금을 주셨고, 우리는 비빔밥을 대접했다. 자기네들 사정과 이야기들을 나누다 금세 친구가 되었다. 그 기억이 있어서 낯설지가 않다.

그때 주민들이 했던 인상적인 질문이 있다. 밀양 방문이 굉장히 조심스러웠던 것이, 주민들 일부가 이런 소리를 하더란다. "한전이 외부와 연대하는 후보지는 불이익을 준다"면서, 밀양이나 다른 외부 단체와 연대하면 불리해진다며 반대했다는 것이다. 그 이야기가 정말 오래 남았다. 유치해도 너무 유치하지만, 실제로 아직 한 번도 싸워보지 못한 곳에서는 그런 이야기를 할 만도 하겠다 싶었다. 그건 정확히 뒤집어서 생각하면 된다. 밀양이 그랬듯이, 외부와 연대가 되면 다루기가 어렵고 판

765,000V
한전
너나 많이
처드세요
근조   한전

이 커지니 한전이 제일 싫어하는 것이고, 따라서 후보지가 될 가능성이 제일 약해지는 게 아니냐고. 한전이 제일 싫어하는 방식으로 나가는 게 맞지 않겠나.

새로 선출된 이장님과 새마을지도자가 앞장서서 대책위를 이끌어가고 있다. 이장님은 비닐하우스 농사 천 평을 하다 이장 되고 나서 신경기변전소 막으려고 올해 천 평 농사를 접었다고 한다. 나도 지어봤지만, 하우스 농사를 천 평이면 잘만 하면 연 매출 4천만~5천만 원은 올릴 수 있다. 정말 대단한 결심을 하셨다는 생각이 들었다.

전북리는 신경기변전소 후보지 다섯 곳 중 하나이니, 확률은 5분의 1이다. 그리 높지 않은 확률이니, "설마 우리가 되겠나" 하는 방심을 하게 한다. 그러면서 또 서로 감시하고 경쟁하게 한다. 이것저것 저울질하다 한 곳을 몰아주면 그곳은 꼼짝없이 받아들이지 않을 수 없는 분위기가 형성될 것이다. 이게 한전의 심보가 아닐까 싶다. 주민들이 반대 운동에 앞장서는 이들에게 "여기 안 들어올 게 확실한데 왜 이러냐. 당신들이 앞장서서 운동을 하니까 소문이 나서 부동산값이 더 내려간다"고 야단하는 분도 있다고 한다.

작년 7월에 후보지가 발표되고 8개월이 지났다. 시간이 지날수록 주민들 내에서 갈등의 골이 깊어진다고 한다. 아마 한전은 시간이 자신들의 편이라고 생각할 것이다. 그래서 이렇게 질질 시간을 끌며 '간'을 보는 게 아니겠나.

주민들의 관심사는 결국 어디가 후보지가 될 것인가이다. 이헌석 대표 말로는 아마 한전은 내부적으로 1순위, 2순위, 3순위를 정해 놓았을 것이고, 지역 반대 분위기를 주도면밀하게 파악하면서 1순위가 반대가 강하면 2순위로 바꾸고, 아마도 그렇게 하지 않겠느냐는 예측이다. 다섯 후보지 모두 반대가 거세면 후보지를 옮겨서라도 발표를 할 것이라고 했다고 한다.

돈 때문에 싸우는 게 아니라고 해도 마을 안에서는 결국 보상금 이야기를 하지 않을 수 없다. 밀양은 어땠는지를 궁금해 하기에 내가 이야기해 주었다. 우리 여수마을에 한전이 발전기금 주겠다고 한 게 맨 처음에는 1억 8천만 원이었는데, 회의에 붙이면 3억, 다시 회의하면 5억, 그리고 5억 5천만 원까지, 회의를 할 때마다 이렇게 액수가 자꾸 올라갔다. "우리는 돈 필요 없다"고 말하며 투쟁했던 그 세월 동안, 정작 우리 이야기는 받아들여지지 않고 합의금만 올라갔다. 결국 경찰 공권력의 힘으로 철탑이 하나 둘 들어설 무렵 우리 마을의 3분의 2가 합의를 봤고, 그 돈으로 땅을 사고, 한전이 그 중 40퍼센트는 현금으로 나누어 갖게 해서 그 돈을 받느냐 마느냐를 두고 마을이 둘로 갈라졌다. 찬성파 주민들은 한전한테 "우리 데모한다고 욕봤는데 힐링비 내놔라" 해서 3천만 원 받아서 관광 갔다 오고, 흑마늘세트 돌리고, 그래도 현금이 남아서 30만 원씩 돌렸다. 반대 주민들은 그 치졸한 '돈장난'의 구경꾼이 되고 말았다. 한전의 돈장난에 마을이 놀아난 것이다.

신경기변전소 다섯 군데 후보지 발표가 2014년 7월 8일에 났다. 최종 예정지를 8월에 발표한다고 했다가 다시 12월로 미루고, 올 1월로 왔다가 3월 발표설이 나오고 있다. 문제는 최종 예정지에서 빠지더라도 나머지 세 군데는 다시 765kV 송전선이 지나가게 되어 있다는 것이다. 그러

니 다섯 개 후보지는 서로 복잡한 자기만의 셈법을 갖지 않을 수 없고, 그래서 서로들 힘들기 이를 데 없는 심리전을 하고 있는 것이다. 이건 다섯 후보지를 놓고 공개 경쟁을 시킨 한전이 노리는 바 그대로일 것이다.

평택에 삼성전자 공장이 들어온다고 한다. 이헌석 대표의 말에 의하면, 우리나라 대용량 전력수요지가 예전의 철강·석유화학 쪽에서 전자산업으로 옮겨오고 있다고 한다. 결국 이 놀음도 이건희의 배를 채우기 위해 죽어주어야 할 곳을 고르는 싸움이 될 것이다.

이 대표가 주민들에게 줄기차게 말하는 바는, 지금 전력수요가 거의 증가하지 않고 있다는 것이다. 정부는 전력수급계획을 짜면서 매년 전력수요가 성큼성큼 증가할 거라고 했고, 거기에 따라 핵발전소와 화력발전소를 계속 짓고 송전선을 깔겠다고 한 건데, 막상 전력수요가 이제는 완전히 딴판이 되어간다는 것이다. 그래서 지금 계획된 핵발전소와 송전선 증설 계획은 대폭 수정해야 한다는 것이다. 결국 이마어마한 낭비를 위해 펑펑 쓰고, 그 뒷감당은 이런 시골 마을에다 지우자는 얘기밖에 안 되는 것이다. 새마을지도자인 조진행 님이 이야기한다.

이곳에 축구장이 있는데 불야성이에요. 대낮보다 더 밝아요. 전기를 엄청나게 쓸 거예요. 4대강 자전거 도로에 또 대낮처럼 밝게 가로등이 줄지어 있걸랑요. 근데, 자전거 한 대도 안 지나가요. 마을 경로당 가면 작은 불 하나 켜 놓고 있어요. 어르신들 전기 아끼는 버릇이 들어서 그래요. 우리한테 전기는 그런 거예요. 그런데 이 낭비가 얼마나 어마어마해요. 이건 아니잖아요.

여주 금사면 전북리가 예정지가 아닐 확률은 어쨌든 80퍼센트, 예정지가 될 가능성은 20퍼센트이다. 그래서 서로가 "설마 설마" 하고 있다. 만약 제외된다면 어떻게 할 것인가. 발표가 나는 순간 대책위는 없어지도록, 그리고 예정지로 확정되면 다시 대책위를 꾸리는 것으로 약속이 되어 있다고 한다. 비록 우리 지역은 비껴가더라도 예정지가 된 다른 지역에 함께 연대해서 싸우자는 주민들의 모임도 있다고 한다.

함께 변전소 후보지를 둘러보았다. 이곳은 딱따구리와 반딧불이가 살고 있단다. 안 그런 데가 어디 있었던가. 철탑이든 변전소든 늘 이렇게 아름다운 곳만을 지나간다. 횡성과 평창도 그랬고, 밀양도 예외는 아니었다. 그만큼 이 나라가 금수강산이라는 뜻도 되지만, 핵발전과 송전탑이 파괴하는 것이 무엇인지를 적나라하게 보여주는 것이 아닐까 싶다.

이명박도 먹고 갔다는 막국수집에서 주민들과 함께 스무 명이 점심을 먹었다. 지난번에 밀양 오실 때에도 전세버스비에다 후원금에다 선물에다 돈이 많이 들었을 텐데, 오늘 우리는 답례할 거를 못 챙겨 와서 대신 점심값을 냈다. 헤어질 때는 서로 얼싸안고 "다음에 투쟁할 때 만나자"고 인사했다. 빨간색 '단결투쟁' 조끼를 입은 전북리 주민들과 역시 빨간 조끼를 입은 우리가 얼싸안고 인사하는 모습을 사람들이 힐끔힐끔 쳐다본다. 뭐 어떻다고. 낯모르는 사람들이 결국 송전탑 덕택에 만나서 친구가 되었다. 그 마음이 다들 애틋하다.

이보다 더한 풍경은 없다 / 광주시 곤지암읍 삼합리

이제 신경기변전소 후보지의 하나인 광주시 곤지암읍 삼합리로 간다. 마을회관 앞에는 악마 형상을 한 변전소 반대 설치물이 있다. 좌우에 해골바가지가 있고 생긴 게 흉측한데, 바라보고 있으니 이걸 만든 시골 노인들의 마음이 생각나서 짠하다. 마을회관 앞에 온 산을 깨고 거대한 중장비가 오고 가면서 대공사를 하고 있기에 뭣인가 물었더니, 제2영동고속도로가 지나간다고 한다.

마을회관에 들어오니깐, 큰 방이 둘인데, 한 방에는 할아버지들이 소파에 몸을 푹 파묻고 사극 〈대왕 세종〉을 보고 있고, 다른 방에는 할머니들이 〈슈퍼맨이 돌아왔다〉를 보고 있다. 엄태웅이 아들 데리고 수영장에서 목욕하는 거를 넋을 놓고 보고 계신다. 다들 저런 손주가 있으실 것이다.

윤천상 이장님이 주민들이 모이는 것을 기다렸다가 말씀을 시작한다.

우리 마을은 광주에서 끄트머리 지역이라 소외도 많이 되어 있습니다. 삼합리, 유사리가 광주에서 동남쪽 경계지역입니다. 우리가 작년 7월 8일 후보지로 선정되면서부터 노심초사 농사일을 하는 둥 마는 둥 하면서 반 년 이상을 싸워 왔어요. 1월 19일 나주 한전 본사를 방문하고 돌아왔는데, 또 하나 문제 되는 게 제2영동고속도로가 마을 한 중앙을 통과해서 지나갑니다. 우리 마을이 휴게소 예정집니다. 그런데 휴게소는 물을 많이 쓰잖아요. 여기는 상수도가 안 들어오는데 지하수 관정을 300미터 깊이로 뚫어서 하루 140톤

©남어진

심층수를 쓰겠다는 겁니다. 동네 지하수가 고갈될 거는 뻔한 이치예요. 변전소 전자파로 싸우는데 이제는 먹는 물까지 빼앗기게 되었어요. 기가 막히죠.

신경기변전소 대책위가 지하수 대책위를 병행하는 상황이 되었다. 이곳은 이미 신가평변전소에서 신안성변전소로 가는 765kV 송전선이 지나고 있는 곳이다. 그리고 그 옆으로는 345kV 선로도 지나가고 있다. 이제는 제2영동고속도로가 지나간다. 평창 동계올림픽 때문에 지금 급하게 공사를 하고 있단다. 그리고 그 고속도로 휴게소에서 쓸 지하수 문제가 있다. 곤지암에서 10킬로미터도 안 되는 곳에 변전소가 있고, 성남에서 여주로 가는 복선 전철이 공사 중이고, 여기에 쓸 전기를 위해 곤지암에 변전소가 하나 더 생길 예정이란다. 거기다 제2외곽순환도로가 계획되어 있고, 영동고속도로랑 십자로를 뚫게 되어서 터널 두 개가 지나가게 된단다. 그러면 지하수는 또 서로 엉키고 뚫려서 난리가 날 것이다.

이야, 이건 정말 너무하다 싶다. 마을회관 앞에 나서서 주변을 보면 온통 송전철탑에 도로 공사판에 공장에 도로에 정신이 하나도 없다. 아마도 옛날에는 심심산골이었을 것 같은데, 20여 년 사이에 완전히 개벽천지가 되었다. 이장님이 조곤조곤 말씀을 이어간다.

우리는 철저히 외면당한, 천대받는 지역이 되는 겁니다. 국가에서 하는 일이라고 하지만, 한 마을이 이렇게 고통을 겪을 수가 있습니까. 하늘로는 철탑에 전력선에 전자파에 고통을 겪어요. 땅은 땅대로 온갖 도로를 내고 터널 뚫고 휴게소 만들고 철탑이 서요. 지하는 지하대로 물 다 빼앗기고. 아무리 국가사업이지만, 주민들이 살 수가 있냐는 거요. 하루하루가 사는 게 사는 게 아닌 거라. 올 농사준비도 해야 하는데, 농사는커녕 변전소하고 상수도하고 고속도로랑도 싸워야 하고. 기자들이고 관공서 공무원들도 여기 와서 보고는 다들 안타까워하고, 해도 해도 너무한다 그래요. 대한민국 어디를 가도 이런 데는 없을 거요.

마을회관 앞 도로는 10여 년 전부터 이야기를 했는데, 광주시가 안 들어주다가 최근에서야 포장이 되었다고 한다. 그런데 평창 동계올림픽 한다고 고속도로는 얼마나 신속하게 하는지 모르겠다고, 터널 파고, 발파작업을 하면서 다이너마이트를 또 얼마나 터뜨렸는지 진동으로 집에 균열이 간 게 허다하단다. 농사만 짓고 살던 분들이 국책사업이라고 협조하고 참았는데, 참는 것도 한도가 있지 않겠나.

경기도는 지난 1월 19일, 신경기변전소 다섯 개 후보지들이 속한 광주, 여주, 양평, 이천시에다 반경 10킬로미터 이내의 숙원사업을 제출하라고 했단다. 주민들이 발끈했다. 결국 변전소 부지 주민들과 나머지 시민들을 분리하겠다는 술책임을 알아챈 것이다. 이런 통보를 받자 이장님과 주민들이 광주시에 가서 "우리 삼합리, 유사리 피해지역을 빼 놓고 곤지암읍과 광주시 숙원사업을 집어넣어서 합의를 하면 너희들 몇 놈은 죽을 줄 알아라" 하고 강하게 항의를 하고 왔다고 한다. 결국 광주시를 포함해서 다섯 개 후보지역 지자체가 숙원사업을 하나도 안 써냈다고 한다. 다행이지만, 주민들은 이제 '작업'이 시작되는구나 하는 느낌을 받았다.

주민들도 이제는 싸워야 한다는 의식만은 분명하다고 한다. 그런데 어떻게 싸워야 하는지 다들 너무 막연해 하신다. 주민들은 우리 밀양만큼이나 연세들이 높으시다. 듣고만 있던 김종천 어르신이 입을 열었다.

급하면 못 하는 일이 없습니다. (머뭇거리는 건) 덜 급해서 그래예. 우리 밀양 할매들도 그 깎아지른 산을 기어서 올라갔어예. 새벽 4시에 밥 먹고 산에 올라가서 그 고생한 거는 말로 다 몬합니다. 그게 눈에 삼삼해서 저는 아직도 합의를 못 해요. 우리도 대한민국 국민이고 우리도 사람 대접을 받고 싶어서 한 거라요. 그거 생각하면 너무 억울해서 눈물이 날 지경이라. 내 권리 내가 찾는데……. 우리 같은 나이 많은 사람은 못 잡아갑디더. 그게 무기라요.

밀양이 패배했다고 이야기들을 하지만, 우리도 할 말이 있다. 마지막까지 남은 225세대가 합의를 안 해줌으로써 공사가 마무리가 안 되는 것이다. 조원규 님이 거든다.

우리가 합의를 안 하고 버티는 것은, 우리가 뇌관이 되어서 철탑을 뽑아낼 화약고가 되리라 생각하기 때문입니다. 세워진 철탑이지만 뽑아낼 생각으로 하고 있습니다. 다른 이유는 아무것도 없습니다.

신울진핵발전소에서 올라오는 765kV 선로가 어쨌든 계획상으로는 마지막이 될 것이다. 그러나 이들은 머리를 굴릴 것이다. 주민들의 저항

하늘로는 철탑에 전력선에 전자파에 고통을 겪어요.
땅은 땅대로 온갖 도로를 내고 터널 뚫고
휴게소 만들고 철탑이 서요. 지하는 지하대로 물 다 빼앗기고.
아무리 국가사업이지만, 주민들이 살 수가 있냐는 거요.

이 별 볼일 없고 수월하게 이 일을 마무리지으면 그 값싸고 효율 좋은 765kV 선로를 계속 깔려고 들 것이다. 작년 7월 변전소 후보지를 발표하고도 아직 최종 예정지 발표를 못하는 것은 주민의 저항이 무서워서 그런 거다. 이장님은 "밀양 사태 때문에 우리가 덕을 보는 것"이라고 말한다. 저들이 제일 무서워하는 게 '제2의 밀양'이 생겨나는 것이다.

신가평—신안성 765kV 송전선 공사 당시에는 반대가 전혀 없었다고 한다. 이장들이 다 동의를 해 줘서 선로가 결정되었고, 해당 지역 주민들은 전혀 모르고 있었다. 산에 포클레인이 올라가서 긁적대니깐 그때 알았다고 한다. 그리고 마을마다 2억 원씩 지원금 받고 끝났다고 한다. 이장님은 "그때 화근덩어리를 다 만들어 놓은 것"이라고 말씀하신다. 그때 이미 작업들을 해 놓은 것이 지금까지 이어지고 있다고. 온갖 선물 공세에, 견학에, 통조림 돌리는 것도 신경기변전소 때 했던 그대로라는 것이다. 항의하니까 그때서야 도로 회수했단다.

함께 자리를 한 유사리 이장님은 시골 분 같지 않고 도시 회사원 같은 인상이다. 이분이 내게 묻기를 "시골에서 농사짓는 분들 같은데, 이렇게 다니시면 농사에 소홀하게 되지 않느냐"고 한다. 내가 답했다. "저는 하우스 농사를 천 평 짓는데요, 연대가 되어야만 힘이 커질 것인데, 내가 하는 말을 한 사람이라도 귀담아 들어주시니, 저는 어디로든 가서 말하고 싶은 심정입니더."

이제 우리에게 돌아가면서 한마디씩 하라고 한다. 조원규 님은 역시나 단출하게 핵심만을 말씀하신다.

두려움을 떨쳐버리고 단합되어서 힘을 모으면 됩니다. 겁낼 필요가 없다고 생각합니다.

김종천 어르신도 강력하게 말씀을 하신다.

농사 걱정하시는데요, 그래도 농사는 됩디다. 걱정 마이소. 전기가 많이 필요하지 않은 건 추세거든에. 정부시책이 잘못된 겁니더. 이걸 바꿔야 됩니다. 밀양 사람들이 바꿀라고 나서고 있습니다. 우리가 버티면 대한민국 사람들이 연대자들이 와서 도와줍디다. 우리 촌사람들이 무슨 돈이 있어서 서울을 밥 먹듯 다녔겠습니꺼. 대한민국 젊은 사람들이 우리가 하는 일이 옳은 일이라고 믿기 때문에 도와준 겁니다. 나쁜 짓이면 어찌 도와줬겠어요. 마음만 합하면 됩니다. 이웃 동네 있는 분들은 머리 쓰는 사람들, 머리 쓰고 접촉하는 사람들 있습니다. 그런 걸 잘 보살펴서 보듬어 안고 가이소. 자식한테 뭘 물려줄까, 이걸 봐야 안 되겠습니꺼. 시간만 되면 자주 오겠습니다.

박수가 쏟아진다. 주민 한 분이 "앞으로 우리 유사리, 삼합리 주민들이 어떻게 하면 좋겠냐"고 물으니 또 이렇게 답하신다. "죽기 살기로 대들어야 됩니다. 딴 거 없습니다. 헤어지지 말고, 정직하게 살마(면) 다 알아줍니다. 죄짓는 거 아니잖아요. 그 돈 아니어도 살아요." 영순 언니도 짧고 굵게 마무리한다.

저는 벼농사 하고 감농사 짓는데, 2013년 10월에 하루에 3천 명 경찰 들

어왔어도 산에서 자고 내려와서 감 따고 할 거 다 했어예. 연대 식구들이 같이 감 따줬습니다. 저는 이 일을 '나라 지키는 일'이라고 하거든예. 농성장 당번 서는 날이면 집 나서면서 우리 아저씨한테 "나라 지키러 갑니데" 하고 나옵니다. 저는 나라 지키러 간다 카지, 데모한다 카지 않습니다. 나라 지키는 거라 생각하고 싸워보입시더.

이렇게 해서 삼합리 간담회가 끝났다. 서로 손뼉을 치고 얼싸안고 인사를 하고, 마을회관 바깥으로 나오니 또 심란한 풍경이다. 고속도로 공사가 온갖 장비를 써서 시끌벅적하게 진행 중이고, 곳곳에 철탑 숲이다. 차를 타고 이동하면서 잠시 자리에서 눈을 붙였다. 우리가 겪었던 일을 또 당해야 하는 이들을 생각하니 마음 무거운 것은 어쩔 수 없다. 마지막 남은 일정은 신안성변전소 견학이다.

833밀리가우스 안 돼서 괜찮아요 / 신안성변전소

경기도는 사방을 둘러봐도 송전탑 없는 곳이 단 한 곳도 없는 것 같다. 경기도에 비하니, 밀양은 그나마 송전탑 청정지역이 아닐까 싶다. 지금까지 밀양에 다른 철탑이 지나가지 않은 것이 기적 같다. 부산이나 울산, 양산, 김해, 창원 근방에만 가도 철탑은 흔하디흔하다. 밀양에 온 연대 식구들이 그런 말을 많이 했다. 예전에는 차를 타고 가다가 송전탑을 봐도 아무 생각없이 풍경처럼 넘겼는데, 밀양을 겪고 나서 송전탑을 보면 예전과는 달리 보게 된다고. 정말 이런 송전탑을 답답하게 느낄 수 있어야 하는데, 다들 '없는 것처럼' 여기고 사는 게 아닌가 싶다. 안성 쪽이 가까워지니 철탑이 더 많아지는 것 같다. 거의 철탑의 숲인 것 같다.

신안성변전소 견학을 가는 이유는 여기에 국내에서 유일하게 765kV 홍보관이 있기 때문이다. 765kV에 대해서 이 인간들이 무슨 소리로 자랑을 하는지 궁금해서 가보는 것이다. 대책위 이 국장이 견학이 이루어지기까지의 에피소드를 전해준다.

맨 처음에는 순순히 방문 신청을 받아주었다. 그래서 공문을 보냈는데, 다시 연락이 와서 "밀양 대책위에서 왜 방문을 하려고 하냐. 일단 밀양 쪽을 관장하는 한전 밀양특별대책본부 측에 방문 허락을 받고 난 뒤에 다시 연락하라"고 했다 한다. 그래서 이 국장이 "우리 전기요금으로 만든 공공시설에 허락을 받으니, 무슨 딕도 없는 수작이냐, 규정을 보여 달라"고 싸웠단다. 그랬더니 다시 "국가중요시설이기 때문에 방문 목적과 방문자들의 인적 사항을 기재해서 보내라"고 해서 화를 참고 공문을 보냈다고 한다. 알고 봤더니 신안성변전소는 근무 직원이 세 명에 불과하다고 한다. 경비대가 있지만, 혹시 우리가 점거 농성이라도 하지 않을까 싶어서 그렇게 까다롭게 굴었던 건 아닐까 싶다.

어딜 가도 우리는 '데모꾼'이라는 빨간 딱지가 붙어서 늘 위험인물 취급을 당했다. 국회를 들어가면 경위들이 따라붙는다. 상경 활동을 가면 밀양경찰서에서 자기네들 차를 타고 우리를 따라온다. 서울에 들어가면 경찰 백차가 맞이하고 함께 다니다 숙소까지 따라간다. 어쩌다가 우리가 이런 대접을 받게 되었나. 나도 집에 가면 엄마고, 며느리고, 동서고, 아내이고, 농민인데, 당할 때마다 웃어넘기기도 하지만 서글픈 마음이 한자리에 드는 건 어쩔 수 없다. 이런 서러움이 쌓여서 경찰과 싸우면 그게 폭발해버리곤 했다. 그래서 지금도 주렁주렁 기소가 되어 있고.

신안성변전소 입구에서 신분증을 걷어서 대조해보고 호들갑을 떤 뒤에 들어갔다. 깨끗하게 참 잘 해놓았다. 홍보 영상은 좀 우스웠다. '이 나라에 빛을 가져다주는 한전', 어쩌고저쩌고. 그리고 765kV는 효율이 그렇게 좋다고, 세계가 이제 대전력 고전압 체제로 가고 있다고 자기들 기술을 자랑들을 한다. 우리가 알기로는 이제 세계는 탈핵에, 분산형 전원에, 신재생에너지에, 송전망 자체를 짧고 좁게 하는 추세라는데, 우리 밀양 농민도 아는 이야기를 엉뚱하게 뒤집어 이야기한다.

그렇게 효율 좋은 765kV를 하느라고 밀양에서 어르신 두 사람 목숨을 빼앗아갔냐고 소리라도 치고 싶었지만, 설명을 하는 한전 차장이 어찌 순한 표정으로 말하는지, 또 부질없이 싸울 필요는 없을 것 같아서 그냥 듣고만 있었다. 그러고는 홍보관을 둘러보는데, 결국 송전망 지도 앞에서 설전이 벌어지고 말았다.

왜 기장·월성·울진 원전에서, 동해 쪽에 있는 핵발전소에서 전기를 끌어서 멀리 보내느냐, 서울 아래 서해 바닷가에 원전 짓고 거기서 바로 수도권으로 보내면, 밀양이고 횡성이고 평창이고, 신경기 후보지 다섯 곳 주민들이 이 고생을 안 해도 되는데 왜 이러냐고 했더니, 그 변전소장은 말을 잇지 못했다. "영흥에도 화력발전소가 있고" 어쩌고 하길래, "아니 영흥 말고 서울 바로 아래쪽이요" 했더니 말을 못 한다. 자기는 황

횡성 · 평창 · 여주 · 광주 · 안성

126

당한 질문이라고 생각할 것이다.

　이 국장이 다시 765kV는 그렇게 효율이 좋아서 1,000킬로미터 이상되는 장거리 수송하는 데 쓰인다던데, 고작 90킬로미터 북경남변전소까지 와서 대구권 전력을 보내려고 하냐고, 대구권 전력이 부족해서 송전선 건설하는 거라고 한전이 주민들에게 말한다고 했더니, 변전소장은 또 말을 잇지 못한다. "전기라는 게 원래 어느 지역에만 쓰는 게 아니라 필요한 데서 당겨서 쓰는 거라서"하며 차라리 솔직한 소리를 한다. 한전은 맨처음에는 수도권으로 보낸다고 하다가 수도권으로 연결하는 송전선 건설 계획을 포기하고 나서는 다시 "대구에 전기가 모자라서"이 계획을 추진하는 거라고 말을 바꾸었다. 이 국장이 열변을 토하는 동안 따라온 직원들은 우리가 무슨 일이라도 할까 봐 안절부절못하는 기색이 역력하다.

　홍보관 안에서 송전선 부품도 보고, 사진도 찍고 하다가 전자파 부분에 왔다. 역시나 송전선 전자파가 휴대폰, 전자레인지, 헤어드라이기보다 약하다며 수치를 보여준다. 곁에 서 있는 젊은 남자 직원이 "한전 직원 관사가 변전소 위에 있었다. 그 누구도 암에 걸린 사람 없었다"고 자랑을 한다. 어제 오늘 내내 보았던 모습, 들었던 이야기가 생각나서 속이 끓었다. 한바탕 퍼부어주고 싶은 걸 억지로 눌러 내린다. 765kV 송전선 아래 폐가나, 땅값 떨어져서 팔지도 못하고 죽을 때까지 이렇게 살 수밖에 없다고 체념하는 주민들은 다른 나라 이야기인가. 싱글싱글 웃으며 "833밀리가우스가 세계보건기구가 권장한 장기노출기준인데, 765kV 아래에는 20밀리가우스밖에 안 돼서 괜찮아요"라고 말할 때는 정말 폭발할 것 같았는데, 참았다. 여기 와서 자식 같은 젊은 친구하고 싸워봤자 뭐하겠나 싶지만, 이런 식으로 수많은 사람들을 현혹시켰을 것을 생각하니 정말 열불이 났다.

바깥에 나가서도 설전은 이어졌다. 그 젊은 직원이 자꾸 깐족거리는 것이다. 이 근처 주민들은 다 괜찮다고, 아무 이상 없다고 한다고. 듣고 있던 대책위의 김우창 활동가도 이계삼 국장도 "우리가 어제오늘 본 사람들은 다 거짓말쟁이란 말이요?" 하며 싸움이 날 뻔했는데 결국 참는다.

한전이 홍보관 지어 놓고 무슨 소리를 하는가 싶어 궁금해서 왔는데, 역시나 예상했던 대로다. 안전하고 훌륭하고 효율적인 기술을 지금 우리가 잘 쓰고 있으니, 당신들은 안심하고 우리가 하자는 대로 하면 된다는 이야기다. 기념사진을 찍자는데, 그런 사진 찍을 기분이 어디 나겠나. 그냥 봉고차를 타고 그 넓디넓은 변전소를 빠져나오고 말았다. 자기들도 안도의 한숨을 내쉬었을 것이다.

귀향길

이제 사진작가 분들을 평택역에 내려주고 밀양으로 돌아오는 길이다. 이틀간 고된 일정이었다. 밀양 싸움 이후로 곳곳에서 많은 분들이 용기를 내고 있지만, 아직 길이 멀구나 싶었다. 여전히 한전 '각본'대로 일이 벌어지기 쉽겠구나 싶었고, 펼쳐질 일들이 눈앞에 보이는 듯해서 마음

이 안 좋았다.

철탑으로 둘러싸인 강원도, 경기도, 저 멀리 동해안에서 서쪽 수도권까지 철탑으로 가로지르고 있는데, 이것을 몇 겹이나 더 둘러싸야 핵마피아 전력마피아들이 만족을 할 수 있을까. 우리가 다닌 모든 마을들은 노인들만 남아 힘없는 싸움을 준비하고 있었다.

다들 안타까웠지만, 고속도로와 휴게소와 기존 765kV 선로와 신규 변전소와 온갖 공사로 엉망이 된 삼합리가 제일 마음이 아팠다. 이런 참상을 나도 몰랐고, 세상도 몰랐고, 당사자 주민들과 한전만 알고 있었다. 이제 세상이 이들을 알아주어야 할 때가 되었다. 이번 우리 방문이 그런 길의 밑돌을 하나 깔아주는 정도의 도움이라도 되었으면 좋겠다.

밀양에 밤 11시가 다 되어 도착했다. 어제 오늘 강풍 때문에 또 하우스에 문제가 생긴 모양이다. 아이고, 피곤하다. 내일 아침 일찍 하우스로 나가봐야겠다.

| 태백산맥을 관통하는 765kV 송전선로 |

경북 울진군은 2만 4천여 세대, 5만 2천여 명이 살고 있는 전형적인 농촌도시
이다. 울진의 주산업은 농업과 어업이어서 대규모 전력이 필요하지 않다. 울진의
인근 지역인 강원도와 경북 북부 지역을 묶어보아도 대규모 산업단지 등 전력수
요처가 근처에 있지 않다. 이런 점에서 울진핵발전소는 수도권 전력공급을 위해
건설된 시설이다. 태백산맥 동쪽에 위치한 울진에서 수도권으로 전력을 공급하
기 위해서는 어쩔 수 없이 태백산맥을 가로지르는 대규모 송전선로가 필요했다.
신태백―신가평으로 이어지는 765kV 송전선로는 그렇게 건설되었다.

• 772번의 산사태, 446만 제곱미터의 산림 훼손

1990년대 말 착공한 신태백―신가평 765kV 송전선로는 건설 당시 송전탑
피해에 대한 국민적 인식이 낮아 주민들의 반대운동이 널리 알려지지 않았
다. 그러나 산악지형 특성상 많은 환경피해가 있었다. 765kV 송전탑 부지는 가
로, 세로 각각 50미터 안팎에 불과하지만, 송전탑 건설을 위한 장비와 자재 운
반을 위해 길(임도)을 놓아야 하기 때문이다. 1999년 녹색연합이 진행한 신가
평―신태백구간 피해 보고서에 따르면, 모두 317개 송전탑을 설치하는 과정에
서 772번의 산사태가 일어났으며, 훼손된 산림만 4,460,029제곱미터로 잠실주
경기장 부지의 200배에 달하는 것으로 드러났다. 이렇게 파괴된 산림은 임도

건설로 인한 절개지 토사 유출과 농경지 피해 등 2차, 3차 피해로 연결되어 지역 주민들과 많은 갈등을 낳았다.

• 통신장애와 코로나방전 피해

송전탑이 완공되고 전선에 전류가 흐르게 되면 주위에 전자파가 발생한다. 우리가 흔히 전자파라고 부르는 전자기파는 전기장에 의해 생기는 전계 파장과 자기장에 의해 생기는 자계 파장을 통칭하는 표현이다.

이 중 전계 파장은 통신장애를 일으킨다. 공중파 TV가 제대로 수신되지 않는다거나, 핸드폰 수신이 안 되는 것이 대표적인 피해이다. 이 때문에 한전에서는 공중파 수신이 안 되는 송전탑 인근 지역 가구에 케이블 TV를 설치해주기도 한다. 그러지 않으면 아예 TV를 볼 수 없기 때문이다.

TV 수신 장애가 단지 불편한 정도라면, 코로나방전은 더 큰 피해를 준다. 흔히 공기는 전기가 흐르지 않는 절연물질로 알려져 있으나, 실제로는 완전한 절연물질이 아니다. 이에 따라 전선 주위에 높은 전압이 걸리면 공기가 이온화하면서 방전이 일어나게 된다. 이를 '코로나방전'이라고 부른다. 코로나방전이 일어나면 순간적으로 스파크가 생기기도 하고 소음이 발생한다. 코로나 소음은 지직거리거나 우웅 하는 특이한 주파수를 갖기 때문에 송전탑 주변에 있는 이들을 심리적으로 괴롭힌다. 최근 노르웨이의 한 연구에서는 포유류와 조류, 특히 순록은 코로나방전시 나오는 자외선에 민감하게 반응해서 고압 송전탑을 5킬로미터나 벗어나 이동한다는 사실이 밝혀지기도 했다.

• 지가 하락과 자기장으로 인한 건강 영향

송전탑 인근 주민들이 당하는 또 하나의 피해는 재산권 피해이다. 송전탑이 위치한 지역은 땅값이 급락하고 매매 또한 사실상 불가능한 경우가 대부분이다. 하지만 그동안 한전은 이에 대해 거의 보상을 하지 않았다. 송전탑이 위치한 곳은 땅을 매입하기보다는 지상권(地上權, 토지 이용권) 설정만 하는 것이 일반적이고, 선하지(송전선로가 지나가는 땅)의 경우에는 좌우 3미터씩만 보상 범위에 포함시켜 왔다. 이와 같은 보상은 765kV 송전탑의 높이가 100미터에 이르는 것을 생각할 때 너무나 터무니없는 것이었다.

밀양 송전탑 문제가 전국적 이슈가 되자, 정부는 보상 문제를 대안으로 들고 나오면서 송주법(송·변전설비 주변지역의 보상 및 지원에 관한 법률)을 제정했다. 하지만 이 법에 따르더라도 선하지 보상은 좌우 33미터에 불과하고, 그나마 피해 규모에 따른 보상이 아닌 일률적인 보상에 그치고 있다. 또한 주택 수용 등 일부 보상 규정에서 기존 송전선로는 제외되는 등 형평성 논란까지 갖고 있다. 이에 따라 송주법 제정 직후인 2014년 10월, 전국 송전탑 지역 주민들은 송주법의 위헌 여부를 묻는 헌법 소원을 제기한 바 있다.

또한 전자파로 인한 인체 영향 역시 핵심적인 쟁점이다. 우리나라의 경우 송전선로로 인한 전자파(전계) 인체 기준을 833밀리가우스로 삼고 있지만, 다른 나라의 경우 건강 피해를 우려해 더욱 엄격한 기준을 적용한다. 전자파(자계)가 소아백혈병 등을 일으킨다는 사실이 밝혀지기는 했지만, 아직 더 충분한 연구가 필요하기 때문에 사전예방원칙을 적용하고 있는 것이다. 현재 스웨덴은 2밀리가우스, 네델란드와 스위스, 이스라엘 등은 10밀리가우스를 안전 기준치로 삼고 있다. 또한 일시적인 전자파 노출과 장기 노출을 구분하고, 학교나 병원 등 전자파 민감 지역을 구분하는 나라들이 있지만, 우리나라는 이런 구분 없이 일괄적으로 833밀리가우스를 기준으로 삼고 있어 이를 바꿔야 한다는 논란이 벌어지고 있다.

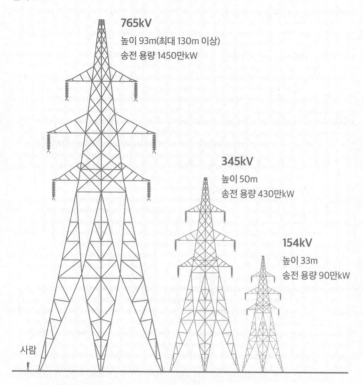

34층 높이의 빌딩
높이 135m

765kV
높이 93m(최대 130m 이상)
송전 용량 1450만kW

345kV
높이 50m
송전 용량 430만kW

154kV
높이 33m
송전 용량 90만kW

사람

| 송전탑 크기 비교 |

송전탑의 높이는 송전선끼리 영향을 미치지 않도록 충분히 띄울 수 있는 거리와 지상에 미칠 전자기파 영향 등을 고려해 설계된다. 초고압 송전선의 경우에는 송전선이 떨어져 있더라도 유도 전류에 의해 철탑이나 다른 송전선에 전류가 흐를 수 있기 때문에 충분히 떨어뜨리는 것이 중요하다. 또한 전자파 피해를 최소화하기 위해 고압이 흐르는 송전탑일수록 높게 만든다. 이에 따라 보통 765kV 송전탑은 100미터 안팎이며, 345kV 송전탑은 50미터 안팎, 154kV 송전탑은 30미터 내외의 높이로 건설된다.

| 개폐소 |

송변전시설에서 전류의 흐름을 막거나 계속 흐르게 하는 장치를 개폐기(switch)라고 부른다.
일상생활에서 사용되는 220볼트 전력과 달리 초고압 전력을 차단할 경우 높은 전압 때문에 불
꽃이 생기고 장비가 파손되는 등 문제가 발생한다. 이를 막기 위해 불활성가스 등을 가득 채우
거나 전자 장치를 이용해야 하기 때문에 개폐기라는 별도의 장치가 필요하다. 개폐기는 보통
발전기나 변압기 주위에 설치되어 장치를 보호하거나 전류 흐름을 통제할 때 사용한다.
횡성에 설치될 예정인 강원개폐소는 기존 765kV 송전선로에 이상이 발생할 경우, 다른 송전선
로로 전류를 우회시키기 위한 용도이다. 정부는 6차 전력수급기본계획을 통해 강원개폐소를
중심으로 765kV 송전선로를 X자로 교차시킬 계획을 확정한 바 있다. 이를 위해서는 기존에 운
영 중인 신태백—신가평 765kV 송전선로 이외에도 신울진—신경기 765kV 송전선이 추가로
건설되어야 한다.

| 전기에너지의 생산과 소비 |

전력은 항상 생산량과 소비량이 일치해야 하는 특성을 갖고 있다. 그렇지 않을 경우 전압이 낮
아지거나 높아지는 등 전기 품질에 문제가 생기며, 심할 경우 블랙아웃(대정전) 같은 일들이 벌
어진다. 따라서 항상 일정 규모 이상의 발전설비를 남겨두는데, 이를 예비전력이라고 한다. 그
리고 전체 발전설비 용량 중 예비전력 비중을 전력예비율이라고 하는데, 전력공급에서 예비전
력과 전력예비율을 일정 수준으로 유지하는 것은 매우 중요하다. 흔히 예비전력이 5,000메가
와트(핵발전소 5개 정도의 용량) 이하로 떨어지거나 전력예비율이 5퍼센트 미만으로 떨어지면
비정상상태로 접어들었음을 의미한다.
2013년 현재 우리나라의 총 발전량은 539,174기가와트시(GWh)로, 화력발전(368,289GWh,
68.3%)이 가장 많고, 그 다음이 핵발전(138,784GWh, 25.7%), 수력발전(8,394GWh, 1.6%)
의 순이다. 이렇게 생산된 전력 중 약 4퍼센트 정도가 송배전 과정에서 손실된다. 그리고 용도
별 전력소비량을 보면, 전체 전력의 54.1퍼센트가 산업용으로 사용되며, 상업 및 서비스업에서
27.8퍼센트, 가정용이 13.5퍼센트, 교육 등 공공용이 전체 전력의 4.6퍼센트 정도를 차지하고
있다.

정임출 서종범 김수암 유은희 (주민)
이계삼 김우창 김태철 정대준 (밀양대책위)
이강길 박지선 (영상)
노순택 정택용 (사진)
이헌석 (안내)

1일차: 130.2km
밀양 출발 – 부산 기장군 장안읍 길천리 고리핵발전소 – 고리원자력홍보관 및 고리 4호기 내부

2일차: 151.1km
경북 경주시 양북면 원자력환경공단 및 핵폐기장 – 경주시 월성원자력홍보관 및 주민농성장 – 경주 경실련
   – 밀양 도착

3장

약속은 모두 물거품이 되고

고리 · 월성

트ᅳ
ᅴ

나는 정임출이다. 올해 일흔넷, 동네 사람들은 나를 동래댁이라고 부른다. 나는 일생 농사를 지었다. 시집오자마자 남편과 함께 김해에서 양상추, 샐러리 농사를 지었다. 그때는 샐러리가 귀할 때라 주로 미군부대에 납품을 했는데, 샐러리 비닐하우스 한 통 하고 나면 900평 한 통 할 밭을 살 돈이 남았다. 그때 좀 재미를 봤던 것 같고, 나머지 시절은 고생한 기억밖에 없다.

40년 비닐하우스 농사에 이골이 나서 이제 좀 조용히 살려고 농사 정리하고 남편과 함께 자리 잡은 곳이 밀양 부북면 위양마을 지싯골이다. 그 해가 2004년도였다. 손재주가 좋은 남편과 친정 동생과 내가 직접 넉 달 동안 집을 지었다. 그런데 그 다음해인 2005년에 집 바로 뒤로 신고리핵발전소에서 만든 전기를 보내는 765kV 초고압송전선이 지나간다는 소식을 들은 것이다.

우리는 전기에 대해 아무것도 몰랐기 때문에 덩치 큰 전봇대 하나 들어오는 거라 생각하고 대단치 않게 생각했다. 그런데, 2005년 말에 동네 사람이 "이거는 세계에서 제일 센 철탑이고, 할매는 집 바로 뒤로 지나가기 때문에 몬 삽니더" 하는 말에 깜짝 놀라서 가슴이 두근거리던 기억이 난다. 그때부터 남편과 나는 싸움에 나서게 된 것이다. 남편은 밀양 주민들 중에 한전에게 고소·고발을 제일 많이 당한 사람이고, 나도 수없이 병원에 실려 가고 경찰 검찰에 불려 다녔다. 지금도 남편과 나는 재판을 받고 있다.

2011년 가을부터 모든 협상과 조정이 다 결렬되고, 현장에서 인부들하고 부딪치는 일이 시작되었다. 그때는 우리 꼴이 말이 아니었다. 우리 싸움을 세상이 전혀 모를 때였으니, 그놈들이 무슨 짓을 해도 언론에 나지도 않았고, 경찰도 본체만체했으니, 할매들은 죽을 고생을 했다.

무릎이 좋지 않은 할매들이 경사진 비탈에서 벌목을 막아보려고 기어서 인부들을 따라다니면 전기톱을 든 인부가 기어 올라오는 할매들을 내려다보며 "워리 워리" 개 부르듯 하는 일도 있었다. "씨발년, 씨발년" 욕을 입에 달고 다니는 못된 놈도 있었다. 그런 수모를 생각하면 밤잠을 설치게 된다. 그 얼마 뒤 산외면 보라마을에서 이치우 어르신이 용역 깡패들에게 수모를 당한 뒤에 분신자결하시는 일이 벌어졌다.

나는 "우리가 막으면 철탑은 못 선다"고 믿었다. 그 10년 세월 동안 우리는 한전의 크고 작은 공사 시도를 열두 번이나 막아냈다. 2013년 5월 열두 번째 공사 당시에는 우리 위양과 평밭 할매들이 127번 자리에서 무려 일곱 명이나 병원으로 응급 후송되는 일을 겪으면서도 그 자리를 지켰다. 결국 박근혜가 국무회의에서 "지난 8년 동안 뭐했느냐" 호통을 치고, 며칠 뒤 공사가 중단되었다. 그러나 2013년 10월 공사 때는 당해낼 수가 없었다. 경찰 3천 명이 매일처럼 몰려와서 꽁꽁 틀어막는데 우리가 무슨 재주로 뚫을 수 있었겠나.

우리 부북면은 일찌감치 127번, 129번 두 곳 현장에 움막을 짓고 3년을 거기서 먹고 자면서 현장을 지켰다. 나도 그 시절을 온통 농성 움막에서 먹고 잤다. 2013년 마지막 열세 번째 공사가 들어온다던 10월, 모든 현장이 경찰에 다 뚫렸을 때 나와 덕촌댁 할매, 현풍댁 곽정섭이랑 셋은 127번 움막에서 아예 집으로 가지도 않고 먹고 자면서 그곳을 지켰다. 그것도 결국 6·11 행정대집행으로 끌려나오고 말았지만.

처음에 한목소리로 싸우던 마을 사람들도 의논이 갈리고, 찬성파 한전 앞잡이 놈들이 동네를 들쑤시고 다니면서 하나 둘 합의 쪽으로 넘어가기 시작했다. 이제 우리 마을도 여나문 세대만 남아 있다. 한전이 준다는 그 더러운 돈 육백만 원. 그러나 할매들한테는 사실 작지 않은 돈이다. 이미 탑은 다 들어섰고 전기까지 흐르는데, 그 돈 안 받아 가면 회수한다는데, 결국 울며 겨자 먹기로 합의서에 도장을 찍는 걸 두고서 뭐라 말하기가 어렵다.

그러나 최소한 나는 절대로 그렇게 하지 않을 것이다. 우리가 겪은 일도 몸서리나는데 이런 식으로 세상이 흘러가면 우리 자식들, 자식의 자식들은 이 세상에서 살 수가 없다. 그래서 나는 지금도 동네 사랑방에 매일처럼 나와서 연대 방문도 뜸해진 위양 사랑방을 몇 사람과 함께 지키는 것이다.

아침 일찍 밀양을 출발한 스타렉스를 타고 울산으로 갔다. 울산역에서 서울에서 온 카메라 감독님들과 사진작가님들을 만났다. 이번 여행은 대책위가 주선한 세 번째 탈핵 탈송전탑 기행이고, 우리는 이틀 동안 고리와 월성 지역을 다닐 것이다.

이번 기행에 함께 하는 분은 우리 동네 서종범 씨. 우리는 '서 사장'이라고 부른다. 상고 나와서 부산에서 오랫동안 화장품회사에 다니다가 이웃 도방마을에 귀농해서 아내랑 깻잎 농사 하면서 딸 셋 키우며 사는 착한 사람이다. 원래 송전탑 피해도 비교적 덜한 곳에 살고, 이렇게까지 열심히 하지 않아도 되는 사람인데, 할매들이 2011년도에 산에서 싸울 때 자기 봉고차로 할매들을 실어 올리고 내리는 일을 하면서 보니, 이건 정말 해도 해도 너무한 것이다. "니놈들이 할매들한테 어떻게 이럴 수가 있냐. 니들이 인간이가?" 이렇게 울부짖으며 인부들과 싸움을 하다가 결국 이 싸움판에 들어온 것이다. 피해가 상대적으로 덜한 도방마을은 서 사장이랑 이수 어르신, 그분 아들까지 세 가구만 남고 모조리 다 합의를 했다. 그래서 서 사장도 맘고생이 작지 않다.

그리고 동화전마을의 안법댁 할매. 단장면 안법마을에서 태어나 동화전으로 시집와서 지금껏 살아오신 분이다. 일생 단장면에서 농사만 짓고 살았다. 부북면과 단장면은 원래 거리상으로는 상당히 떨어져 있어서 서로 내왕할 일이 전혀 없는데, 이 어른도 철탑 데모 때문에 알게 되었다. 안법 할매 모시고 다니는 유은희 씨는 한눈에 봐도 배운 사람 같고 도시내기 아지매인데, 역시나 우리처럼 동화전마을로 전원주택 지어서 들어왔다가 집 바로 뒷산으로 철탑이 지나가게 되면서 이 싸움에 들어온 것이다. 살아온 것도 사는 곳도 다 달랐는데, 이 싸움 때문에 결국은 우리들도 다들 식구가 되었다.

우리도 열심히 싸웠지만, 이곳 동화전마을도 보통이 아니었다. 2013년 5월 공사 때, 동화전은 밀양 구간 철탑이 시작하는 바드리마을을 맡

왔다. 아침 6시에 올라가니 경찰하고 한전 직원들 수백 명이 막아서는 바람에 못 들어갔단다. 다음날엔 아예 잠을 안 자고 기다리다가 새벽 1시에 마을 사람들이 한데 모여 올라가니 경찰하고 인부는 철수하고 없었고, 현장에 들어가서 불 피워 놓고 노숙을 했다. 기계 밑에 들어가서 쇠사슬 묶고 새벽까지 기다린 것이다. 인부들이 와서 포클레인 시동을 걸어도 가만히 있었다고 한다. 밖에서는 시동 끄라고 몸싸움을 하고, 결국 시동을 끄게 만들고, 그렇게 공사를 저지시켰단다. 동화전은 바드리에서 싸우고, 우리는 127번에서 싸우고, 그렇게 열흘을 싸워서 공사를 중단시켰다.

동화전마을은 95번, 96번 철탑이 지나가는데, 아예 마을에서 흙벽돌을 찍어서 96번 철탑 현장인 산꼭대기까지 지고 올라가 황토집을 지어놓고 거기서 불 떼고 먹고 자면서 막았던 것이다. 그렇게 고생을 하며 싸웠는데, 2013년 10월 공사 때, 거기를 경찰에게 빼앗긴 것이다. 동화전마을은 그 이후로 찬성파가 득세하여 합의를 하고 말았고, 지금은 19가구가 남아 끝까지 합의하지 않고 버티고 있다.

고리핵발전소 바로 옆 길천마을로 가다

함께 간 대책위 활동가 태철이가 차를 대자마자 바다 쪽으로 달려간다. 탁 트인 바다가 사람을 부른다. 핵발전소가 오지 않았다면, 이곳은 아름다운 어촌이었을 것이다.

길천리 이장, 개발위원장, 개발위원 두 분, 네 사람을 마을회관에서 만났다. 그들은 지금 수십 년 이어오는 한수원 항의 집회를 준비하는 중이다. 2층으로 된 마을회관이 오래된 건물이지만 관공서처럼 크길래 이것도 한수원에서 지어주었나 했더니, 그게 아니라 예전부터 동네가 워낙 컸기 때문이란다. 주민이 3천 명이 넘었다고 한다. 지금도 주민 숫자는 2천 7백 명 정도 되긴 하는데, 대부분 핵발전소 일로 왔다 갔다 하는 뜨내기들이고, 원주민이라 할 수 있는 주민은 20퍼센트가 채 안된다고 한다.

박정희 시절, 1970년대 초반에 정부가 고리핵발전소의 청사진을 내놓을 때 사람들은 기대에 부풀었다. 핵발전소에서 전기를 만들고, 따뜻한 물을 바다로 내보내면 고래와 상어떼가 몰려들고, 물산은 풍부하고, 낚시꾼과 관광객이 몰려들어 흥청대리라는 기대에 들떠 있었다. 고리 주민들이 이주를 당하고, 고리항이 매립당하는 아픔은 있었지만, 어쨌든 그들은 국가의 말을 믿었다.

1966~1967년, 지금 이장님과 개발위원장님 같은 분들이 초등학생이던 시절에 헬기가 떠서 입지를 보았고, 1969년부터 공사를 시작했다고 한다. 그리고 1978년 한국 최초의 핵발전소로 고리 1호기가 상업운전을 시작할 때까지도 주민들은 아무것도 몰랐다. 그러나 얼마 뒤 그들은 배신당했다. 당시에는 강제수용이 있었다. 핵발전소 부지만이 아니라 핵발전소 부대시설, 그러니까 한수원 직원 사택, 홍보관 이런 곳도 강제수용을 당했다. 동해안을 따라 올라가는 국도도 핵발전소 때문에 끊어지고, 우회 국도를 새로 냈다. 옛날 경남 양산군이었을 때는 경남의 한

고리 · 월성

축이었는데, 핵발전소가 들어오고 나서 세수 증대를 위해서인지 부산시로 편입이 되고 나니 부산에서 제일 오지의 가난한 마을이 되었다.

5공 지나고 민주화 바람이 불면서 주민들이 "왜 약속과 다르냐"는 자각을 서서히 하게 되었고, 1988년 주민들은 정부를 향해서 대규모 집회를 열었다. 똥물을 투척하고 장안면(지금은 장안읍) 면민들이 다 모이니 백골단이 투입되어 진압당했다. 이제 한수원을 향한 항의 집회는 연중 행사가 되었다.

고리 1호기는 2007년에 30년 수명이 끝났다. 그런데 정부는 10년을 더 돌리려 했고, 주민들은 그렇다면 이주를 할 수 있게 해달라고 했다. 이미 두 번의 이주 약속이 물거품이 된 뒤였다.

한수원이 주민들 환심을 사려고 온갖 공작을 했다. 찬성파 주민들만 데리고 관광을 보내주었다. 일본에서 수명연장을 해서 잘 돌아가는 핵발전소로 견학을 보내준 곳이 바로 후쿠시마였다. 수명연장 합의 후에는 지역사회와 협력해서 잘 운영되는 모델을 보여준다고 또 일본을 데리고 갔는데, 그때도 후쿠시마를 다녀왔단다. 그러고 4년 뒤 후쿠시마에서는 어마어마한 사고가 났고, 지금도 수습이 안 되고 있고, 일본이라는 큰 나라가 기울어져버린 것이다.

주민들과 한수원은 2011년 후쿠시마 사태가 난 지 넉 달이 지난 7월에 각서를 썼다. 기장군수, 한수원 고리본부장, 마을 대표 3자가 '이주를 당연시하는 것을 전제로' 합리적인 이주 방안을 위한 용역 조사를 하고 결과를 수용하기로 합의를 했다.

그리고 2012년 2월에 그 유명한 고리 1호기 사고가 났다. 핵발전소에 정전이 되면 비상발전기가 작동해서 냉각수를 공급해주는데, 그것도 고장이 나버리는 바람에 그 상태가 계속 지속되면 냉각수 없는 상태에서 열을 이기지 못한 핵연료봉이 녹아내릴 수도 있었던 그런 사고였다. 더 중요한 건, 한수원이 그 사실을 숨겼다는 것이다. 핵발전소 직원이 밥 먹으러 나와서 식당에서 하는 얘기를 누가 듣고 확인하다가 세상에 알려진 것이다. 주민들이 펄쩍 뛰었다. 그 사고는 후쿠시마 사태 이후에 거세진 주민들의 이주 요구에 기름을 부은 꼴이었다.

2013년 9월, 드디어 용역조사 결과가 나왔다. "이주 필요"라고. 그러나 정부는 약속을 지키지 않았다. 그리고 올해 2015년 6월, 고리 1호기를 다시 10년 더 연장하려는 심사를 앞두고 있는 것이다.

주민 대표들은 "밀양 사람들 오셨으니 할 말은 다 해야겠다"며 자신들이 겪은 이야기를 꼬리에 꼬리를 물며 이어간다.

길천 땅은 이미 절반 이상을 한수원이 수용해서 가져갔어요. 마을 땅이 60여만 평이고, 인구는 약 870세대 되거든요. 한수원이 55만 평을 쓰고, 우리는 한 5만 평 되는 땅에 갇혀 살고 있어요. 자기들이 강제수용한 땅은 지금 스포츠센터에, 신고리 1·2호기에, 한수원 사택에, 고리홍보관 등으로 널찍하게 쓰고, 우리는 다닥다닥 붙어서 원전들에 뺑 둘러싸여 살아요.

우리 생계 터전은 다 가져갔어요. 먹고살 방책이 없으니 이 땅도 사겠다는 외지인에게 다 팔았어요. 원룸 사업자들이 원룸 지어서 원전에 일하는 사람들 들여서 먹고살아요. 우리는 살 방법이 없어요.

쓰나미에 대비하는 건 좋은데,
마을은 원전 부지보다 저지대가 되었어요.
7미터 차이가 나요. 원전 안전은 그렇게 챙기는데
주민 안전 조치는 하나도 없어요.

후쿠시마 사태 이후에 방벽을 10미터로 올리고, 원전 돔 옆에 있던 스위치 야드(변전소)를 마을 꼭대기 위로 올렸어요. 쓰나미에 대비하는 건 좋은데, 마을은 원전 부지보다 저지대가 되었어요. 7미터 차이가 나요. 원전 안전은 그렇게 챙기는데 주민 안전 조치는 하나도 없어요. 작년 8월 25일에 50세대가 침수가 됐습니다. 안방에 물이 차는 침수 사고인데, 원전 쪽은 다 포장되고 높은 구조물 때문에 물이 안 빠지도록 막아놓으니, 그 물이 마을로 넘어온 거죠. 후쿠시마 겪고 나서 자기네들은 조 단위 돈을 들여서 안전 공사를 했다는데, 주민 안전은 전혀 책임지지 않고 있어요.

고리 1호기 만들 때부터 고리 사람들 이주했고, 신고리 1·2호기 때도 이주한 사람들 있고, 이주한 사람들이 있긴 합니다. 그런데 이주해서 잘된 사람이 없어요. 우리도 다 보고 있거든요. 그걸 다 아는 우리가 오죽하면 이 고향을 떠나려고 하겠어요. 1968년도에는 해수욕장이 컸어요. 길천 월내리 해수욕장을 합치면 해운대보다 더 넓었거든요. 워낙 넓으니깐 미군들하고 상륙작전 훈련을 여기서 했어요. 그런데 원전 만들면서 그 넓은 해수욕장을 매립했습니다.

기장 멸치가 유명하잖아요. 우리는 농어촌복합형 마을이거든요. 충분히 자급자족했어요. 농사짓고, 고기 잡아 먹고, 내다 팔고. 그런데 이제 농지는 한수원이 다 가져가고, 바다는 매립해서 구조물 만들고, 원전 주변 바다는 방사능 안전구역으로 정해지고, 700미터 안에는 아무 어로 행위를 못 해요. 그냥 앉아서 늙어가는 거지 뭐. 집을 고치고 싶어도 소득이 별게 없으니 못

고쳐요. 한번 나가서 보세요. 외지 사람이 새로 지은 원룸들 말고 우리 원주민들 사는 집이 어떤가.

바다에서 세슘하고 요오드가 검출된단다. 매스컴에 나오면 기장 멸치, 다시마, 미역은 몰살되니 쉬쉬하는 분위기. 인체에는 영향 없는 수치라고는 하는데, 이곳 길천 어업은 이미 사실상 소멸이 되었고 이웃한 일광이나 서생 쪽에는 조금 하는 정도란다. 어업 피해는 이야기를 좀 꺼리는 기색이다.

수많은 이야기들을 한다. 사기당한 일도 있다. 고리 3·4호기를 지을 때 자재 야적장을 한다고 한수원이 농지를 수용했다. 그런데 자재 갖다 놓는 걸 못 봤단다. 일 끝나면 돌려주겠다 했는데 돌려주지 않았다. 한수원은 부지 한번 사놓고 나면 되파는 법이 없단다. 그때가 자기 초등학교 2~3학년 시절이었다고. 그때 '선배님'들은 '문서'도 몰랐고 아무것도 몰랐단다. 나중에 왜 안 돌려주느냐고 주민들이 따지니깐, 한수원 규정인가에 돌려주도록 되어 있는 시기가 있는데, 그게 지나버려서 이제는 돌려줄 수가 없게 되었단다. 그 자리에 지금 홍보관이니 스포츠센터니 하는 게 들어와 있다.

명칭 문제도 있다. 고리 1~4호기가 들어선 동네가 고리여서 '고리원전'이었다. 신고리 1·2호기는 효암리에 있지만 고리원전 옆에 있다고 '신고리원전'이라고 이름 붙였다. 신고리 3·4호기는 행정구역상으로는 울산시 울주군 서생면 비학리인데, 울산원전이라고 하면 울산 사람들이 반발하고, 서생원전이라고 하면 서생 특산물인 '서생 배'가 안 팔리고,

비학원전이라고도 하지 않는다. 그래서 결국 '신고리 3·4호기'로 이름을 붙였다. 고리 지역 사람들은 그것도 속상하고 열 받는 거다.

이런 곳에 사람이 우찌 사나

이야기를 듣다 보니 좀 이상한 게 있다. 우리는 사실 이렇게 알고 있었다. 핵발전소 주변은 나라에서 돈을 엄청나게 풀기 때문에 반대도 시들하고, 위험하기는 하지만 어쨌든 먹고사는 건 걱정이 없다는 것이다. 그런데 이분들은 지금 전혀 다른 이야기들을 하고 있다. 우리가 속고 있는 건가.

직접 지원받는 것은, 원전 반경 5킬로미터 이내에는 전기요금 혜택 정도입니다. 돈 많이 나오는 건 맞죠. 그걸 어떻게 쓰는지 아세요? 침수 피해 나니깐 제방 쌓는 데 쓰고, 도로 복잡하니깐 도로 내는 데 쓰고, 주민들 복지에 쓰라고 한수원이 해수탕 건물 지어주는데 그건 운영하면서 적자 보고 있고……. 스포츠센터 지어줘도 촌사람들은 거기 갈 일 없어요. 한수원 직원들이나 쓰죠. 축구장 만들어 놓으면 일요일마다 어디서 와서 체육대회 한다고 마이크 틀어놓고 온종일 시끄럽기만 하지, 우리 촌사람들이 거기서 축구할 일 있나요? 다 허울 좋은 껍데기예요.

핵발전소 안에 일거리가 생기면 지역민들 우선으로 준다고 했는데,

용역업체들이 자기들 데리고 다니는 일꾼들 주소를 이쪽으로 옮겨 놓고 그 사람들 집어넣는다. 원주민들은 '줄'이 없어서 청소 일자리도 못 얻는단다. 그러면서 하시는 말씀.

밀양 분들 어떻게 당했는지, 사실 저희는 안 봐도 눈에 훤히 보입니다. 주민이 무슨 힘이 있습니까.

이제 이곳은 핵발전소 10기를 안고 살게 된다. 이런 곳에 사람이 우찌 사나. 여기서 사람을 살게 하는 게 맞나.

간담회를 마치고, 핵발전소 부지와 마을이 한눈에 보이는 해수탕 건물 옥상에 올라가 보았다. 과연 그랬다. 새로 지은 원룸 건물들 말고는 전부 허름한 슬레이트 집들이다. 저 많은 원룸들은 다 뜨내기 일꾼들이 먹고 자는 곳일 터이다. 아마도 외지 사람이 땅 사서 지은 것일 텐데, 그렇게라도 땅을 판 사람들은 그나마 다행일지 모른다. 땅도 없이 어쩔 수 없이 여기 사는 사람들, 헐값에 땅을 빼앗기거나 팔지도 못하는 사람들은 또 어떻겠나.

저 멀리 바닷가는 푸르고 아득한데, 바로 앞은 핵발전소들로 뼹 둘러싸여 있다. 이곳 길천 월내해수욕장은 1960년대 라디오밖에 없던 시절에 중앙 방송에서 소개를 해주는 해수욕장이었다고 한다. 사람이 너무 많아서 이곳 아이들은 방학 때 일부러 서생 쪽으로 올라가서 해수욕하고 놀았다고. 부산에서 여기까지 기차가 따로 다녔다는 그 옛날의 이야기는 이제 전설이 되었다.

저 멀리 바닷가는 푸르고 아득한데,
바로 앞은 핵발전소들로 뺑 둘러싸여 있다.

점심을 먹으며 이웃한 월내마을의 어부 서용화 님을 만났다. 어민들의 피해도 대단했다. 핵발전소로 인한 어업 피해와 온배수 피해를 두고 용역조사를 했는데, 이것도 한수원이 수용을 안 한단다. 범위가 너무 넓고 생산량이 조작되었다고 해서 재판 중이란다. 핵발전소가 어마어마한 바닷물을 냉각수로 쓰고, 거기서 나온 온배수 때문에 수온이 올라가서 해양생태계가 뒤바뀐다는 것은 잘 알려져 있다. 지금 월내 앞바다가 3도에서 5도 가량 수온이 높단다.

서용화 님은 낚싯배로 돈을 벌었다고 한다. 그런데 신고리 1·2호기가 바다로 한참 나온 3.5킬로미터까지 파이프를 끌어내 거기서 온배수를 내보내는 바람에 그곳 수중생태계가 바뀌어서 2014년부터는 손님을 한 번도 못 태웠단다. 그 많던 볼락들이 다 도망을 간 것이다. 원래 11~3월까지 성시여서 자기 전화번호부 1,200명 중에서 1,000명이 낚시 손님이었는데, 전화 오면 이제는 자기가 "오지 말라"고 이야기를 한단다. 볼락이 전혀 잡히지를 않으니깐.

잘피라는 해조류가 한창 때는 해녀가 헤엄을 치기 곤란할 정도로 많이 자랐고, 거기에 물고기들이 모두 알을 낳았다고 한다. 그런데 핵발전소 온배수에다 바닷가 매립으로 잘피가 다 없어져버리니 어획량도 확 줄어버렸다고 한다. 고리에 살던 분들이 뿔뿔이 흩어졌는데, 이웃한 서생면으로 간 분들은 거기에 신고리 3~6호기가 들어오니 다시 이주를 하게 되었다는 가슴 아픈 이야기도 들었다.

장어가 한창이던 시절, 큰 배가 들어오면 뱃머리와 배 꽁지만 보였단다. 배 가운데 있는, 장어가 가득 담긴 수조를 바닷물에 잠기게 해서 신고 오던 그 풍광이 꿈결 같았단다. 그러나 이제는 전부 지쳐 있고 누구도 들어오려 하지 않는 이곳이, 자기 대(代)가 지나면 죽은 마을이 되어 버릴 것 같아서 그게 쓸쓸하다고 서용화 님이 말한다.

저희 집안이 이쪽 지역에 온 지 300년이 되었는데, 사실, 떠나고 싶습니다. 여기 조상님 터도 있고 배도 있는데, 배 한 척은 며칠 전에 정리를 했습니다. 후쿠시마 사태 이후로 곳곳에서 원전 얘기가 나옵니다. 부품 비리 이야기, 수시로 고장이 나고, 이곳에 사는 저로서는 몹시 피곤합니다. 최근에도 방사능이 20여 종 검출된다는 뉴스가 나왔죠. 암 환자 소송 이야기 계속 나오고 있죠. 원전 바로 옆에 사는 우리는 그런 뉴스를 보면 마음이 어떻겠어요? 원전 해킹을 북한이 했다면서요. 정말 큰일이죠. 맘먹으면 언제든 터뜨릴 수 있는 거 아닌가요? 원전 돔이 안 보이는 곳이라면 어디라도 가고 싶어요.

고리원자력홍보관과 핵발전소 내부

점심을 먹고 난 뒤, 고리원자력홍보관으로 들어갔다. 길천마을 주민들이 못마땅해 하던 홍보관, 빼앗은 농토 위에 세워져 있다. 한수원 점퍼를 입은 직원들이 웃는 얼굴로 나온다. 전광판에는 "부산지검 동부지청장 아무개의 방문을 환영한다"는 내용이 적혀 있다. '부산지검 동부지청'이 작년 재작년 온 나라를 떠들썩하게 했던 원전비리합동수사단을 관할했던 곳이라고 이 국장이 이야기해준다. 그 책임자가 고리를 방문

한다니, 대접이 융숭하겠다 싶었다. 2013년 결국 핵발전소 10기를 멈춰 세워 한여름 국민들을 찜통에 몰아넣었던, 그리고 다 만든 신고리 3·4호기를 다시 뜯어서 수십 킬로미터나 된다는 케이블을 모두 새로 깔게 만들고, 전기 판매를 못하게 되어서 수조 원의 손실을 국민들에게 떠안긴 원전 비리 사태. 듣자 하니, 그것은 울산의 어느 은행 지하주차장에서 어떤 남자가 현금 뭉치를 음료수 박스에 담고 있는 것을 목격한 주민의 112 신고로 드러나게 되었다고 한다. 그 사람은 원전 납품업체의 대표였다. 한수원 사장은 식당에서 업자랑 밥 먹으면서 현금을 가득 채운 생수 상자를 받았단다. 다섯 번, 1억 3천만원씩이나. 돈이 그렇게 좋나, 그 더럽고 더러운 돈놀음으로 한수원 사장부터 한전 부사장 포함해서 97명이 쇠고랑을 찼단다. 썩어 문드러진 저놈들의 비리. 그 2013년 한여름, 밀양 주민들은 엉뚱하게 전력대란의 주범으로 지목되어 인터넷에서 욕을 들어야 했다. 그런데 이 원전비리도 한물 지나간 것인가. 검찰의 수사책임자가 고리를 방문한다고 한다. "오얏나무 아래선 갓끈도 고쳐 매지 말라"고 했는데, 기분이 찜찜하다.

그런데 홍보관에 들어오니 뜻밖의 소식이 기다리고 있다. 약속과 달리, 홍보관은 볼 수 있는데 핵발전소 내부 견학은 어렵다는 것이다. 이것 때문에 대책위에서 공문도 보내고, 주민등록번호, 인적 사항에 개인정보 사용동의 등등 엄청 복잡한 절차를 다 거쳤는데, 또 무슨 수작인가 싶다. "국가보안등급 A등급"이고 어쩌고 하기에, 지난번 영광 방문 때는 되었는데 이번에는 왜 안 되느냐고 들이대니, 젊은 남자 직원이 기어 들어가는 목소리로 "밀양 송전탑 반대 주민들이 오시다 보니" 어쩌고

턱도 없는 소리를 한다. 갑자기 열이 확 뻗친다. 우리를 범죄자 취급하는 것이다. 고함을 지르고 성질을 냈다. 젊은 직원들이 어쩔 줄을 모른다.

우리는 핵발전소 견학을 요구하면서 일단 홍보관을 둘러봤다. 고리 본부에서 유명한 사람들 불러서 지역 주민 대상 강좌도 하는 모양인데, 거기에는 혜민 스님, 박경철 시골의사도 들어 있다. 나는 그분들 이름만 들어서 알 뿐이지만, 핵발전소에서 하는 강좌에 와서 아무리 좋은 말씀을 한다 해도 그게 좋은 말씀이 될 수 있을까, '핵마피아'들 이미지 세탁하는 데 이용당하지 않을까 하는 생각이 들었다. 저분들은 어디든 부르면 다 가시는 분들인가. 좀 실망스럽다.

우리가 버티고 앉은 지 한 시간쯤 뒤에서야 겨우 출입을 허가 받았다. 희한한 것이, 우리 주민 네 명 포함해서 방문단은 열 명 남짓 들어가는데, 한수원 홍보팀 직원 일고여덟 명이 우리와 함께 다닌다. 카메라도 휴대폰도 두고 가야 해서 다들 맨몸인데 직원이 왜 이렇게 많이 따라다니나 싶다. 우리가 무슨 짓(?)을 하면 우리를 제압하려고 그렇게 사람을 많이 보냈나, 별의별 생각이 다 든다.

그 중에 직원 한 명은 좀 이상했다. 우리가 수시로 이 내부구조에 대해서 많이 물었는데 거의 답변을 못 하는 것이다. 그래서 젊은 친구들이 "원전 홍보팀 근무하면서 그것도 모르냐"고 핀잔을 주었다. 나중에 이 친구가 활동가 한 명한테 모기만 한 소리로 "자기는 홍보팀이 아니라 인사과에서 나왔다"고 했단다. 웃긴다. 그러면, 홍보팀은 주민을 감시하고 인사과는 이런 홍보팀이 제대로 하는지 감시하러 나온 건가. 고작 열 명 남짓한 방문에 이렇게 호들갑을 떠는 게 우습지도 않다.

핵발전소를 둘러보는 동안 홍보팀 직원들이 따라다니며 입이 마르도록 하는 자랑은 식상하기까지 했다. 턱도 없는 거짓말을 한다. 나눠주는 팸플릿에 "지금까지 우리나라는 원전 사고가 단 한 번도 없었다"고 해 놓았다. 아니 지금 언론에 맨날 나오는 사고는 사고가 아닌가? 체르노빌이나 후쿠시마 같은 사고만 사고라면, 이미 다 망하고 나서 그때서야 "이거는 사고였다"고 할 건가.

나는 저 거대하고 복잡한 기계가 뭔가 잘못되면 어떻게 알아내고 조치를 취할지, 이 직원이라는 자들은 사고가 나면 정말로 도망치지 않고 제자리에서 수습을 할 수 있을지, 그게 걱정스러운데, 자기들은 까딱없단다. 또 "1그램의 우라늄이 핵분열 할 때 나오는 에너지가 석유 9드럼, 석탄 3톤을 땔 때 나오는 에너지랑 맞먹는다"고 자랑을 한다. 나는 기가 좀 질린다. 1그램이면 새끼발톱만큼도 안 될 텐데, 그 1그램을 때는 게 석탄 3톤하고 맞먹는다면 이건 정말 문제가 심각한 게 아닐까. 이 1그램을 한 번 건드리면 10만 년 동안 계속 탄다는 얘기인데, 아, 그렇다면 이 1그램은 건드리면 안 되는 게 아닐까 하는 생각이 드는 것이다.

"저 위험한 거를 안고 간다는 것이 있을 수 있는 일인가." 핵발전소 안에 들어가서 주 제어실에서 일하는 사람들을 보면서도, 축구장보다 더 큰 발전기 터빈을 보면서도, "저렇게까지 해야 하나" 하는 생각밖에 들지 않았다.

고리 전망대에 올라갔다. 전망대를 중심으로 바닷가가 V자로 펼쳐져 있다. 거기서 보니 좌우로 핵발전소 돔이 네 개씩 보인다. 왼쪽은 고리 1~4호기, 오른쪽은 신고리 1~4호기, 핵발전소 여덟 기를 여기 한곳에서 볼 수 있다. 그 옆에는 신고리 5·6호기 공사를 한다고 좁쌀만 한 크기로 보이는 트럭들이 수없이 왔다 갔다 하며 터를 닦고 있다. 텔레비전 뉴스에서 보니, 신고리 5·6호기 하나만 수주하면 그 회사는 올해 관급공사는 안 받아도 될 정도로 규모가 큰 공사란다. 그래서 서로 그걸 따내려고 건설 대기업들이 지금 난리란다. 한자리에서 핵발전소가 여덟기나 보이는 게 기가 막혀서 탄성들을 내지르니, 함께 따라온 홍보팀장쯤 되는 사람이 "화력발전소 여덟 기보다는 원전 여덟 기가 낫죠"라며 자랑스럽게 이야기한다.

신고리에서 밀양으로 출발하는 1번, 2번, 3번, 4번 철탑들이 보인다. 그게 잇고 이어져서 우리 집 뒤 127번 철탑이 지나가는 것이다. 온갖 생각이 다 들었다. 부글부글 끓을 줄 알았는데, 생각보다 담담했다. 바다가 너무 아름다웠다.

저녁 먹고 숙소에 둘러앉아 오늘 고리 구경한 소감을 나누는데 서종범 씨 말이 이렇다.

고리는 원전공화국 같았습니다. 세상에서 제일 무서운 동네인 것 같습니다. 세상에서 최고위험한 동네가 여기가 아닌가 싶었어요.

뭐 대단한 구경을 시킨다고, 직원들 우루루 따라다니게 하고, 사람 지문 인식하고, 겹겹이 출입문을 만들어서 검사를 하고……. 온갖 비리에 해킹까지 당하고, 자기네들이 온갖 사고 다 내면서도 어깨에 힘주면서 한수원 직원이라고 자부심 갖는 게 국민으로서 창피스럽더군요. 저 사람들은 뭘 믿고 저

럴까. 대만에선 98퍼센트 다 지은 원전도 국민 반대하니 가동을 못 한다고 하는데, 우리나라는 왜 그러지 못할까, 그런 생각이 들었습니다.

동화전마을의 안법댁 할매가 말을 이어받았다.

너무 속상합니더. 우리도 저리 되면 우짜노. 마음이 안 좋아예. 사람이 사는 게 뭣인고 싶고, 힘없는 사람들이 와 이렇게 천대를 받나 싶고. 원전 들어가 보이, 저런 데서 어떻게 일을 하나 싶고. 사무실에서 컴퓨터만 두드리는 사람들은 모를 겁니더. 노동자들이 개미처럼 일하는 걸 보니, 저래 해도 되나 싶어예.

우리도 이때까지 싸웠지만, 우리 싸운 것도 억울한데, 와 보니 우리보다 더 억울하고. 전부 거짓말만 다 하고. 가슴 아프고. 돈 그거 받아서 뭐 하겠습니꺼. 나는 받는다고 생각도 안 하고. 고향을 물거품 만드는 게 너무 마음 아프지. 50년, 100년 대대로 내려오는 고향을 내비리지도 못하고. 나도 그 골짜기에 50년 넘게 살았는데 어디 내비리겠노, 못 떠나겠고. 돈 몇백만 원에 마을 사람들 합의하고 다 넘어가는 게 너무 속상코.

소문에 듣기는 원전 쪽은 보상 다 받고 다달이 돈 나오고, 잘산다 카던데, 와 보니 전부 거짓말이네요. 맨날 속고 당하는 사람들은 힘없는 사람들이고.

오늘 우리가 지켜본 현장을 우리처럼 느끼는 사람이 대한민국에 얼

마나 될까. 내 차례가 되어서 나는 이렇게 말했다.

나는 오늘 길천마을을 돌아보면서 너무 소외감이 오고 실망이 됩디다. 우리는 현장에서 몸으로 부딪치며 싸운 게 5년인데, '하면 된다'는 마음이었고 좌절감은 없었는데, 오늘 와 보니까 너무 실망이 되네예. 철탑도 철탑이지마는, 이 상태에서 원전이 더 들어서면 후손이 우찌 살 건데, 이거는 아니잖아요. 우리 대는 괜찮습니다. 나도 나이가 칠십이 넘어서 언제 죽을지 모르지만, 후손을 생각하면 이건 아니니깐. 우리 후손들이 "부모들이 안 그랬으면 우리도 이래 안 될 긴데, 와 할매들은 돈에 넘어갔냐"고 하면 할 말이 없잖아요. 그러이, 억만금을 줘도 필요 없다, 그런 맘으로 하고 있다고 이야기해왔는데, 우리만 지키고 있으면 뭐하노, 이런 좌절감이 들어예.

돈 받고 합의하자는 사람들, 자기들 말대로 된 게 하나도 없더라고예. 정부에서 이주시켜주겠다고 약속한 게 세 번이나 엎어졌다잖아예. 고리나 밀양이나 저놈들 하는 짓이 어찌 그래 똑같은지, 너무 속상하고, 몸에 힘이 쭉 빠지데예. 밀양도 아직은 225세대가 남아 있지마는, 우리도 저렇게 되면 우짜노, 결국에는 우리도 저렇게 될 거 아이가 생각하니 너무 힘이 빠지는 거라.

그래 봤자 핵쓰레기장인데 / 경주핵폐기장

이런저런 생각으로 머리가 복잡했지만, 피곤해서 그랬는지 다행히 잠은 설치지 않고 잘 잤다. 아침에 JTBC 뉴스를 보았는데, 얼마 전 성매매 현장에서 감사원 간부가 적발되었는데, 그 접대를 한전 직원들이 했다는 뉴스가 나왔다. 이런 일이 재수 없게 적발된 그때뿐이었겠나.

우리 밀양도 한전과 감사원과 연관된 적이 있다. 한전이 2013년 10월 밀양 송전탑 공사를 재개할 당시, 국무총리까지 내려와서 파격적인 보상안을 내놓았다. 밀양에 나노산업단지를 유치하고, 300억짜리 태양광 단지를 조성하고, 어쩌고. 분위기는 냉랭했다. 그런데 유독 마을보상금 액수를 더 높이고 거기서 40퍼센트를 떼서 직접 현금으로 주민들에게 지급하는 게 위력을 발휘했다. 마을 찬성파가 영문도 모르는 할머니에게 다짜고짜 계좌번호 물어보고는 현금을 입금해버리거나, 정해진 날까지 보상금을 찾아가지 않으면 그 돈을 회수해버린다고 협박하고. 그렇게 마을이 개별보상금의 수령 여부로 쫙 갈라져버린 것이다. 우리는 국민의 세금으로 유지되는 공기업이 어떻게 동네를 돈으로 갈라 세울 수가 있는가, 그리고 어떻게 돈으로 주민들을 협박할 수가 있나 생각했다. 그래서 주민 400여 명의 서명을 받아 감사원에 국민감사청구를 했다. 그러나 몇 달 뒤 날아온 감사원의 답은 간단했다. "아무 문제 없다"는 것이다.

한전과 감사원은 이런 관계였을 것이다. 그러니 우리 주민들의 감사 요구에도 그런 식으로 나왔을 것이다. 끼리끼리 다 해처먹고 국민은 죽으라는 거다. 나라 망하는 게 별거 아닌 거다.

숙소를 나와 경주핵폐기장으로 간다. 뉴스에서나 봤지, 나도 사실은 잘 모르는 곳이다. 이헌석 대표 말로는 우리나라는 연구소 같은 곳에서 나온 방사성 폐기물을 1970년대 초까지 바다에 버렸다고 한다. 기가 막히는 소리지만, 정부 공식문서에 버젓이 나온단다. 동해 바다 명태에서 세슘이 검출되는 게 우연이 아닌 것이다.

고리 3호기 건설 당시에 현대건설 인부로 일했던 길천리 주민이 폭로를 한 적이 있었다고 한다. 내용인즉슨, 1985년 이후에 한전이(당시는 한수원이 한전에서 갈라져 나오기 전이다) 고리핵발전소 시험가동을 하면서 나온 드럼통과 방호복, 덧신, 고무장갑 등을 일반쓰레기와 함께 길천리 봉화대 앞 1천여 평에 묻었다는 것이다. 실제로 파보니 그게 발견되었다. 고리 인근 주민들이 들고 일어났다. 군사정부 시절이기도 했지만, 주민 한 명이 구속되는 등 오히려 탄압을 받았다. 여하튼, 1980년대에는 중저준위 폐기물을 길가에 파묻는 일이 다반사였던 것이다.

경주핵폐기장에 도착했다. 원래는 '방사성폐기물관리공단'이었는데, 이제는 '원자력환경공단'으로 이름을 갈았다. 건물이 희한하게 생겼다. 내 마음이 비뚤어졌는지 모르지만, 그냥 우습다는 생각이 든다. 그래봤자 핵발전소나 병원에서 나온 쓰레기 처분하는 곳인데, 하늘을 날아가는 UFO처럼 생긴 요상한 건물에 통유리 장식에다 대리석 계단으로 한껏 멋을 부린 게 우스울 뿐이다. 굴업도, 안면도, 위도. 정부가 그렇게 기를 쓰고 했지만, 10만 년을 가야 하는 진짜 위험물질인 사용후핵연료는 건드리지도 못하고, 핵발전소 작업자들이 입은 옷, 장갑, 병원 X레이, CT실에서 나오는 쓰레기들 모아서 처분하는 곳을 몇조 원의 돈을 준다고 꼬여서 공모를 붙이고, 찬성률이 제일 높은 경주에 착공 10년 만에 드디어 완공을 한 것이다.

어떻게 자리를 잡았는지, 암반이 단단하지 않고
훨씬 무른 곳이어서 바스라지고 물이 계속 새어나와서
결국 나중에는 핵폐기장이 물속에 잠기게 된단다.

버스를 타고 동굴로 들어간다. 야트막한 터널이 수 킬로미터 이어진다. 혹여 전쟁이 일어나면 이곳에 몇십만 명이 들어와서 살 수 있을 정도로 어마어마하게 길고 큰 동굴이다. 그리고 드디어 처분장 안으로 들어왔다. 공상과학영화에 나오는 지하도시 같다. 방사성 폐기물 드럼통을 실어 나를 기차 레일이 깔려 있고, 6개가 되는 거대한 지하 사일로가 있다. 거기에다 10만 드럼을 차곡차곡 재어 넣고, 60년 뒤에 문을 닫고 봉쇄하면 300년 동안 버틴다는 것이다.

그런데, 이 핵폐기장은 그 사이 수많은 논란에 휩싸였다. 애초에 계획했던 것보다 건설 시간도 훨씬 길어졌고, 돈도 몇 배가 더 들어갔다. 그리고 어떻게 자리를 잡았는지, 암반이 단단하지 않고 훨씬 무른 곳이어서 바스라지고 물이 계속 새어나와서 결국 나중에는 핵폐기장이 물속에 잠기게 된다는 폭로가 나왔다. 그걸 또 정부도 인정하는 상황이라는 것이다. 우리나라 정부가 하는 일이 다 그렇지만, 기가 막힌다.

이곳은 여하튼 희한하게 잘 가꾸어 놓았다. 직원들 60명이 쓰려고 인조잔디 축구장에 널찍한 잔디 정원이 있다. 이곳을 60년 뒤에 폐쇄하고 나서 300년이 흐른 뒤에 물에 잠긴 드럼통을 다시 빼낼 공사를 한다 치자. 그러면 이곳에 써 놓은 글들을 제대로 알아볼 수는 있을까. 그러니, 10만 년이나 가야 한다는 사용후핵연료는 또 어떻겠는가. 우리는 3천년 전에 피라미드에 새겨놓은 글자도 못 알아보는데.

목숨을 내놓으라는 얘기더군요 / 월성 주민들을 만나다

월성원자력홍보관도 고리처럼 'energy farm'이라고 써 놓은 번쩍번쩍하는 건물인데, 그 옆에 현수막들이 여러 개 붙어 있다. '월성원전 인접지역 이주대책위' 명의로 게시된 것이다. "검증되지 않은 1호기 재활용 반대", "한수원은 도적", "원안위 위원들은 전 가족을 이주시켜 안전성을 증명하라", "1호기 폐쇄를 위해 이 한 목숨 바치리라". 그 중에서 인상적인 건 이런 현수막이다.

인접 주민 생명 무시하는 월성 본부장은 세월호 선장이다.

방문객 여러분, 얄팍한 접대에 양심을 속이고, 수명이 끝난 원자력 1호기를 가동하는 데 찬성하는 실수를 범하진 않겠지요?

비닐하우스 같은 움막과 행사용 천막을 이어붙인 농성장 주변으로 투쟁가가 힘차게 울려 퍼진다. "삼천만 잠들었을 때 우리는 깨어, 배달의 농사 형제 울부짖던 날." 주민들이 대청소를 하고 있고, 인사를 나눈 뒤에는 국수를 삶아 내온다. 이분들도 역시 투쟁하는 사람들이 되다 보니, 금세 반가운 마음이 되어 서로를 붙잡고 한참을 이야기한다. "텔레비전에서 봤습니다. 참 대단하세요." "우리는 최선을 다해서, 철탑이 들어섰지마는 후회는 없습니다." 나도 주민 몇 분과 손을 맞잡고 덕담을 나누며 후루룩 국수를 먹었다.

우리는 월성원전에 논도 밭도 바다도 주었는데,
이제 보니 우리 목숨을 내놓으라는 것이었습니다.

점심식사 후에 이야기를 시작했다. 12월 24일 원전반대그룹인가 하는 데서 사이버테러를 한다고 경고했을 때, 한수원은 전국의 언론사 기자들 다 불러서 설명회를 했는데, 주민들한테는 일언반구 말이 없었단다. 정말로 걱정되어 피신한 주민도 적지 않았다고 한다. 모텔을 하는 주민이 있는데, 예전 같으면 성탄 전야라 북적였을 텐데 손님이 아무도 없었단다.

핵발전소 때문에 생겨난 변화는 고리와 너무 비슷했다. 원래 살던 마을의 전체 면적이 10퍼센트도 채 안 남았고, 필요한 땅은 한수원이 다 가져갔다. 월성 1~4호기와 신월성 1·2호기 공사할 때는 인부들, 운영될 때는 거기서 일하는 직원들 먹이고 재우는 일로 돈 벌어서 살았는데, 이제는 다른 소득원이 없다 보니 서서히 황폐화되어 간다는 이야기. 부동산 매매가 아예 안 되어서, 평당 10만 원을 5천 원에 내놔도 살 사람이 없고, 핵발전소 돔이 보이는 지역에는 아예 땅을 보러 오지도 않는다는 얘기. 부위원장님 말씀의 끝은 이렇다.

우리는 월성원전에 논도 밭도 바다도 주었는데, 이제 보니 우리 목숨을 내놓으라는 것이었습니다. 우리나라에서 유일하게 월성 1~4호기만이 중수로 원전입니다. 삼중수소 방사능 문제가 아주 큽니다. 저희 이주대책위 회원 50가구를 조사해봤더니, 갑상샘암 환자 8명, 다른 암 환자 11명, 갑상샘 질환을 앓는 이가 4명이라는 거예요. 우리는 그래도 이게 높은 수치라고 할 수 있을지 실감을 못 했는데, 취재하는 기자 말이 갑상샘은 전국 평균의 60배라는 겁니다. 저희 가족도 뇌종양으로 투병하고 있어요.

173

결국, 이주밖에 답이 없다는 판단에 이주대책위가 결성되었단다. 작년 8월 25일부터 오늘까지 농성장이 유지되고 있고, 서울 원자력안전위원회 앞에도 가고, 여러 차례 투쟁을 했다.

삼중수소는 기체 상태로 핵발전소 굴뚝에서 나온다고 한다. 삼중수소 오염을 증명시켜준 게 최근 방영된 〈추적 60분〉이다. 나도 봤는데, 많이 놀랐다. 문제가 심각했다. 삼중수소 이야기가 나오니 각자 다들 하고 싶은 이야기가 많았던 듯 여기저기서 웅성대기 시작하는데, 어떤 분이 "감포읍 대본리 해녀 열두 명 전부가 갑상샘암에 걸렸다"고 이야기한다. 삼중수소 농도가 경주 시내보다 20배, 30배가 더 높단다. 모자를 쓴 할아버지가 일어나서 이야기를 한다.

〈추적60분〉에 나온 지하수 삼중수소 오염으로 나온 게 우리 집입니다. 살아야 할지 말아야 할지, 내일이라도 떠나고 싶은데, 돈이 있어야 떠나죠. 삼중수소가 성인보다 영유아에게 미치는 영향을 아무도 이야기 안 하더라구요. 농사를 지어도 수확기에는 농약 피해를 별로 안 보는데, 어린 새싹 때는 농약을 약간만 쳐도 영향이 크잖아요. 그게 이치인데…… 저는 네 살짜리, 열한 살짜리 손주 손녀를 데리고 있어요. 그게 걱정이 되고, 그렇습니다.

이야기 끝에 할아버지는 눈물을 보였다. 다들 숙연해졌다. 나도 견딜 수 없는 기분이 되었다. 그 손주들 생각을 하니 가슴이 꽉 메어온다. 할아버지는 다시 이야기를 이어간다.

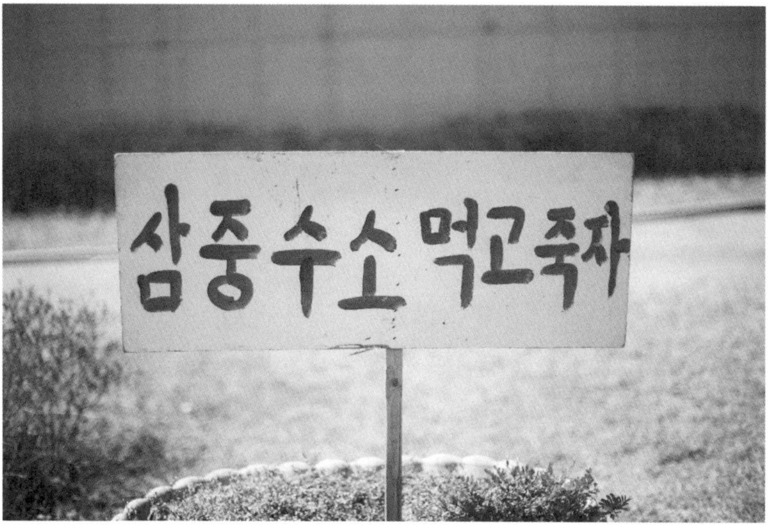
삼중수소 먹고죽자

이 이야기까지는 안 할라 했는데, 〈추적 60분〉 보면, 우리 나아리 주민 다섯 명 소변검사 해서 삼중수소 농도를 보여주는 게 있는데, 발끝에서부터 머리끝까지 전신이 빨갛게 표시된 사람이 바로 우리 안사람입니다. 우리 집에서 새벽에 창문을 열면 매캐한 냄새가 납니다. 월성원전 돔에서 담배 피면 연기가 날아올 가까운 거리에 살아요. 안사람은 몇 년 전에 갑상샘 수술 받았구요.

이때 저쪽에서 아내 되는 분이 "쓸데없는 소리 하지 마요"라고 소리를 지르는 바람에 이야기가 중단되었다. 잠시 모두들 착잡한 마음에 이야기가 끊긴다.

주민들 말이 이렇다. 지금은 1호기가 정지 중인데, 1·2호기 다 돌아갈 때는 굴뚝에서 수증기를 압력밥솥처럼 막 내뿜는단다. "저게 폭발하려고 저러나" 겁이 나서 방에 들어가 문 닫고 숨어 있던 적도 있었다고 한다. 월성핵발전소에서 20년 넘게 삼중수소가 나왔는데, 비싼 돈을 들여 삼중수소제거설비를 설치했지만, 4호기까지 모두 달 수 없어 배관에다 하나를 달아서 이리저리 옮겨가며 제거를 한다고 한다.

월성 1호기 재가동을 심사할 때 민간심사위원들이 32개 지적 사항을 잡았는데, 재가동하면서 보강할 수 있다며 원자력안전위원회에서 재가동을 승인했다고 한다. 핵발전소가 무슨 물레방앗간도 아니고, 일단 돌려놓고 천천히 보강하겠다는 게 말이나 되는 소린가. 아까 "쓸데없는 소리 말라"고 하셨던 할머니가 내 곁에 와서 이야기한다.

정치하는 놈들, 공무원들 너무 미워요. 원안위에서 (월성 1호기 연장 가동) 결정 나고 열두 시간 지나자마자, 바로 수용한다고 성명 내는 게 저놈들(경주시)이에요. 지역 주민들 위해 쓰라고 돈 나오면 시에서 받아서 저 멀리 30킬로미터 떨어진 곳에 도로 내고. 이렇게 어렵게 사는 사람들 우선순위로 먼저 해 주어야 하는데. 지금 암 걸려서 이렇게 고통을 받고 있는데, 맨날 "법에 없으니 우리는 모르는 일이다", "기준치 미달이라서 모르는 일이다"라고 하니……. 가족력도 없는데 제가 갑상샘 수술한 것도 삼중수소 때문이라는 걸 이제야 알게 됐고. 우리는 거의 한 집 건너 다 암 환자예요.

고리에서 느꼈던 것과 또 다른 답답함이 밀려온다. 월성은 당장 건강에 이런 위협을 받고 있다. 목숨이 걸린 일이다. 〈추적 60분〉에서라도 다뤄주어서 다행이지만, 앞으로 얼마나 많은 싸움이 남아 있는 것일까.

수명연장이 이것만 하고 말 것도 아니고, 월성 2~4호기도 하나씩 수명연장 심사를 받을 것이다. 그때마다 주민들은 계속 연장 반대하고, 데모하고, 이주시켜 달라고 요구하고, 그래야 하나. 월성 주민들은 결국 남은 생애를 수명연장 반대 데모만 하다가 보내야 하는가. 할머니는 말씀을 잇는다.

가정 살림을 살아도 그렇게 안 하죠. 계획도 없고 그냥 임시방편일 뿐이에요. 한수원 사장도 본부장도 평생 해먹을 게 아니니깐, 내 있을 동안 민원 없이 무사히 하면 된다, 책임질 놈 없다는 거죠.

처음에는 70여 가구로 출발하여 생계 문제로 그만둔 분도 있고, 이제는 50여 가구가 남았다. 그 사이에도 일들이 많았을 것이다. 월성 이야기가 언론에 많이 나올 수 있었던 것도, 월성 1호기 수명연장 반대 싸움이 크게 붙을 수 있었던 것도, 이분들이 현장에서 싸우고 있었기 때문이다. 한수원은 이분들을 돌려세우기 위해, 한전이 밀양에서 그랬듯이 엄청난 작업들을 했을 것이고 지금도 하고 있을 것이다. 한전 놈들 말 믿을 수 없듯이 한수원의 달콤한 말에 속아 넘어가서는 안 될 일이다. 밀양에서 겪은 이야기를 해주었다.

한전 놈들이 우리 할매들 농성장 움막에 와서는 "오늘 오후에는 작업 안 할 테니 라면 좀 끓여주세요." 실실 웃으며 부탁을 해요. 할매들이 나무 베는 것 막으며 싸울 때, 동지섣달 추우면 손발이 다 얼거든예. 아침 6시에 산에 올라와서 밤에 8시에 내려오니, 살 수가 없지예. 그러니 반나절이라도 할매들 쉬게 할라고, 라면을 끓여줍니다. 그리고는 그 다음날 아침에 또 작업을 해요. 젊은 놈들이 그럽니다. "오늘 통닭 시켜주면 작업 안 할게요." 그러면 우리는 또 할매들 조금이라도 쉬게 할라고 통닭을 시켜줘요. 그러면 다음날 아침에 또 이놈들은 차로 우리들 올라오는 길목을 막아 놓습니더. 트럭도 못 타고 할매들은 지팡이 짚고 걸어서 현장까지 올라와서 한전 인부들하고 싸워예.

서러운 얘기지만, 이건 약과다. 한전 놈들이 주민들을 속인 이야기는 끝이 없다. 이 마을 가서는 저 마을 쪽으로 철탑 좀 밀어준다고 하고,

저 마을 가서는 이 마을 쪽으로 철탑 밀어준다고 하고. 한전이 밀양에서 300억짜리 태양광 사업을 하겠다고 했는데 지금 150억으로 반토막이 나니, 거기에 혹했던 찬성파들이 약속이 틀리다며 싸우고 난리들인 모양이다.

돈이 문제다. 돈 받으려고 맘먹으면 돈도 못 챙기고 결국 싸움도 지게 된다. 돈이라도 받아야지 싶지만, 고리에서 보듯이 돈이 돈이 아닌 거다. 내가 말을 이었다.

우리는 돈을 바래서 하는 게 아닙니더. 우리도 이제 철탑이 다 들어서고 했는데, 졌다는 마음이 안 들어요. 최선을 다했거든예. 이때까지 싸웠지만 후회되게 싸우지는 안 했어예. 언젠가는 저 철탑이 뽑아지겠지, 그렇게 믿고 삽니더. 돈에 유혹되지 말고, 끝까지 하면 끝이 있을 깁니더. 우리는 그대로 계속하고 있습니더.

토끼처럼 눈을 뜨고 우리 하는 이야기를 새겨 듣는 주민들에게 나도 서 사장도 '단결'을 이야기했다. 그냥 이대로 살아야 하는 것일까. 아닐 것이다. 그렇게 그렇게 다들 힘겹게 데모를 하고, 되지도 않을 것 같은 싸움을 한다. 싸우지 않을 수 없기 때문이다.

바닷가로 가서 월성핵발전소를 바라보았다. 저 원수 같은 놈, 바다는 이렇게 아름다운데, 언제쯤이나 되어야 이 자리가 원래의 바닷가로 되돌아갈까. 그때는 우리도, 저 한수원 놈들도, 잘난 놈들도, 다 이 세상에는 없겠지. 그때까지 아무 일도 일어나지 않아야 할 텐데. 그렇게 되어야 할 텐데.

3장 · 약속은 모두 물거품이 되고

"핵폐기장 유치운동을 했으니 나에게도 책임이 있다"

이제 1박 2일 일정의 마지막 약속이다. 몸이 몹시 피곤하다. 마음이 무거워서 더 그랬을 것이다. 날씨는 완연한 봄이어서 오고가는 차 안에서 바라보면 산마다 점점이 진달래가 피었다. 따뜻한 봄날, 이런 일로 기행을 다니는 게 억울하다고 젊은 친구들이 투덜거린다. 그래, 이런 일들 다 잊고 놀러 다니는 날이 오지 않겠나. 그리고 이런 기행이 또 얼마나 필요한 것인가. 책으로도 나오고, 영상으로도 나온다는데, 우리가 지금 얼마나 중요한 일을 하고 있는 건가.

경주시청 앞에 있는 경주 경실련(경제정의실천시민연합)으로 갔다. 거기서 이상기 선생을 만났다. 경주 경실련에서 핵발전소 정책을 오랫동안 담당했단다. 거의 20년 이 일을 했고, 지금도 경주핵폐기장, 월성핵발전소, 문화재 쪽 일을 맡고 있는 베테랑 시민운동가이다.

이분은 이력이 좀 독특하다. 노무현 참여정부 시절, 경주에서 핵폐기장 유치운동을 한 것이다. 자신은 중저준위 핵폐기물은 대수롭지 않게 생각했다는 것이다. 중저준위 10만 드럼의 방사능 총량이 지금 핵발전소에서 수조에 집어넣어 보관하고 있는 사용후핵연료 한 다발의 총량보다 더 작으니, 우리는 핵폐기장을 유치해서 실리를 취하자, 수용할 건하고 핵발전소나 사용후핵연료를 적극적으로 반대하자, 그런 뜻으로 찬성운동을 했다는 것이다.

그런데, 그 뒤로 새로운 사실을 알게 되었다. 핵폐기장 부지가 엉터리였던 것이다. 암반을 파고 들어가야 하는데, 단일 암반이 아니라 부스러기 바위들이었던 것이다. 거기에 지하구조물을 만들면 물이 차고 무너지기 쉽다는 것을 알게 되었다. 더구나 공사 기간도, 들어가는 돈도 엄청 늘어날 것을 예측해냈다. 지하수가 계속 나오니 보완도 해야 하고, 아마 정부와 방폐공단도 이걸 알았을 텐데, 알면서 공개를 안 했을 것이다.

사람들이 욕을 많이 했다고 한다. 당신이 핵폐기장 경주 유치의 장본인인데, 이제 와서 왜 그러느냐는 소리를 적지 않게 들었다. 이분의 말씀이 이렇다.

맞다. 문제는 그래서다. 나는 책임이 있지 않느냐. 이렇게 물이 많이 새고, 제대로 안전성 확보를 못하면 자자손손 내 책임이 아니냐. 더 안전하게 확실하게 하자, 이런 생각이었습니다.

사실, 실리를 취한다는 게 나는 좀 이해가 되지 않는다. '실리'는 정치인들이 생각하는 것 아닌가, 시민운동가가 그런 걱정까지 할 필요는 없는 게 아닐까. 시민운동은 대의와 주민 안전을 생각하면 되는데 왜 그랬을까 싶었다. 그러나 나는 이상기 선생이 '책임'을 이야기하는 데서 감동을 받았다. 이런 사람이 거의 없기 때문이다. 이분이 한수원이나 시청이나 그런 사람들과 등을 돌리는 일은 상당한 용기가 필요했을 것이다.

이야기는 핵폐기장 유치하면서 경주에 들어온 '돈' 이야기로 이어진다. 나도 뉴스에서 그런 소리를 들었던 기억이 있다. 부안에서 그 난리가 나서 핵폐기장 문제가 허공에 붕 떠버렸을 때, 당시 노무현 정부에서 핵폐기장을 유치하는 지자체에 엄청난 지원을 약속했다. 그리고 경주에서 주민투표 찬성이 제일 높게 나왔고, 그래서 경주가 가져가게 되었는데, 오늘 낮에 다녀온 바로 그곳이었다. 핵폐기장과 이곳 경주시청은 자동차로도 한 시간이 넘게 걸린다. 경주에서 왜 그렇게 찬성이 높게 나왔는지 그 이유를 알겠다. 경주는 돈 잔치를 한다고 난리가 났을 것이다. 그런데 그렇게 되지 않았을 것이다. 우리는 충분히 예상할 수 있는 이야기다. 그 이야기를 조금 더 들어보자.

법이 제정되자, 일주일 사이에 경북 건설회사가 다 들어왔습니다. 어느 다방으로 건설회사 세 군데가 주소지를 옮겼어요. 200여 개가 한 순간에 경주로 들어왔습니다. 그 정도로 바람이 불었는데, 대부분 실패했죠. 이런 거대 공사에는 대기업이 기존 하청업체들 물고 들어오지, 경북 지역 작은 건설업체들 들어올 자리 없습니다. 핵폐기장 건설 1조 5천억, 특별지원금 3천억, 유치 지역 지원사업 3조 5천억, 양성자 가속기, 경주에 돈벼락 떨어졌다고 했는데, 여기는 혜택을 본 사람이 없습니다.

특별지원금 3천억 원을 골목 포장에 쓰고, 밀린 민원 해결하는 데 전부 다 풀어서 써버린 겁니다. 씨암탉을 사서 알을 낳아 키우지 않고, 역대 시장들이 전부 하룻밤 치킨 파티 하고 다 써버린 겁니다. 한 푼도 안 남았습니다. 시

"경주서는 지나가는 개도 만 원짜리를 물고 다닐 거다"
했는데요, 만 원짜리 구경도 못 했습니다.

의원 한 사람이 15억~20억 원씩 자기 지역구 동네 생색내는 일에 다 써버렸습니다.

정부가 핵폐기장을 경주에 주면서 약속한 지원 총액이 3조 5천억인데, 아직까지 51퍼센트밖에 안 풀었습니다. "경주서는 지나가는 개도 만 원짜리를 물고 다닐 거다" 했는데요, 만 원짜리 구경도 못 했습니다. 55개 사업이 확정되어 있는데, 문화재 복원·보수·정비, 거기에 도로 사업 등 부처별로 수십 개로 나눠지는데, 이건 어차피 국가가 해야 할 일인데, 이 3조 5천억을 지금 이렇게 쓰고 있어요. 일반 회계 성격으로 흩어서 총액예산으로 집어넣으니, 결국 그 돈이 그 돈이에요.

사기당했다는 이야기다. 고리에서도 월성에서도 다 들었던 이야기. '돈'은 결국 주민들이 바라는 방식으로 되지 않았다.

이상기 선생은 짧은 시간 동안 참 열성적으로 말씀해주셨다. 이틀 동안 이런 속상한 이야기만 듣다 보니 나도 막판에는 좀 지쳐서 그냥 고개만 푹 숙이며 이야기를 들었다.

이런 사정을 세상은 모를 것이다. 핵발전소 들어오고, 핵폐기장 짓고, 그러면 그 지역은 돈벼락이 떨어져서 먹고살기 좋아진다는 소리는 다 엉터리라는 것. 핵발전소, 핵폐기장, 송전탑 반대하는 건 돈벼락 떨어뜨려 달라는 것이라고, 저 사람들 반대 데모하는 것도 돈 더 받기 위한 '쇼'라는 이야기도 언제쯤이나 없어질까.

밀양으로 돌아오다

돌아오는 길은 고속도로를 타지 않고 한적한 시골 국도를 따라 건천, 운문사, 청도를 거쳐서 밀양으로 왔다. 운문사는 내 막내딸이 머리를 깎고 출가해서 승가대학을 다녔던 곳이다. 수도자가 되고 싶어 몸부림치던 딸이 나와 약속한 대로 대학을 졸업하자마자 그 다음날 출가를 했다. 그날, 딸을 보내고 나니 하늘이 무너지는 것 같았다. 이제 이 어미도 늘그막에 도 닦듯이 철탑 반대하고, 핵발전소 반대하러 다닌다.

밀양에 와서 함께 중국집에서 짜장면을 먹으며 이틀간의 이야기를 나누었다. 약속은 다 물거품이 되고, 하나도 지켜진 것 없고. 앞으로 고통 받는 주민들은 지금 얼마나 괴롭고 국가가 원망스럽겠나. 마음 무거운 건 어쩔 수 없다.

동네 사람들이 나보고 그런다. "철탑 다 서 있는데 뭣 때문에 데모하러 나가노." 모진 사람들은 "뭐 얻어먹을 게 있어서 나가노" 이런다. 당치도 않은 소리고, 듣기 괴롭다. 그렇지만 연대자들은 지금도 우리를 꾸준히 찾는다. 자기 차비 들여서 오면서 음료수 하나라도 들고 오려고 애를 쓰고, 학생들 아르바이트 해서 번 돈으로 할매들 드시라고 먹을 거 사 들고 오고, 후원금 들고 오고. 우리는 그게 감동이었다. 우리는 저렇게 못 살았는데, 있는 사람들도 아니고 다들 겨우 밥 먹고 사는 사람들이 그렇게들 우리를 도와주었다.

이틀간 다녀보니 견문이 넓어진 만큼 속이 상했다. 돈 받지 않고, 이런 약속 저런 약속 하나도 믿지 않고 버텨온 우리가 옳았다는 걸 다시

한 번 확인하는 게 무슨 의미가 있겠나. 핵발전소 때문에 저렇게들 힘들게 사는데. 그래서 우리는 여기서 멈춰서 될 게 아니다, 이때까지 싸워온 게 억울해서라도 끝까지 가야 한다, 안될 값에라도 끝까지 가야 한다고 다짐하는 것이다.

힘들어서 안 할란다, 이런 마음은 예전에도 없었고 앞으로도 없을 것이다. 올해 일흔넷, 늙은 나 하나라도, 남은 사람들이라도, 서로 힘을 합쳐서 후손들에게 욕 얻어먹을 짓은 안 해야겠다고 생각했다. 되든 안 되든, 이기든 지든, 이런 거를 떠나서, 머무르지는 않아야겠다고 다짐했다.

| 이주, 또 이주, 계속 이어지는 고리 인근 주민들의 비극 |

1964년부터 서울, 부산, 울산 등 22개 지역을 핵발전소 후보지로 검토하던 정부는 결국 현재 고리핵발전소가 위치한 부산광역시 기장군 장안읍 고리(古里)를 최종 부지로 확정했다.

고리마을 철거가 진행되던 1960년대 말에는 탈핵운동은 고사하고 환경운동이란 말도 생기기 전이었다. 162세대, 1,250여 명이던 고리마을 주민들은 조상 대대로 살던 땅을 떠날 수 없다고 저항했지만, 군사독재정권 시절 군인들까지 동원되어 진행되던 공사를 막기엔 역부족이었다.

• 고리핵발전소 추가 건설과 함께 이주, 또 이주

고리마을 주민의 이주는 여기서 끝나지 않았다. 고리 1호기를 시작으로 핵발전소는 울산 방향으로 하나씩 늘어나기 시작했고, 결국 고리마을 주민들이 이주한 곳까지 발전소 부지가 확장되었기 때문이다. 신고리핵발전소 건설을 위해 2003년부터 효암, 비학마을 전체와 신리마을 일부가 핵발전소 부지로 편입되었고, 이 마을의 이주민 중에는 고리에서 이주해 온 이들도 포함되어 있었다.

그러나 핵발전소 건설 계획은 계속 늘어났다. 신고리 4호기까지 계획되었던 건설 계획은 신고리 8호기 건설로 확장되었고, 결국 핵발전소 부지로 신리마을 전체가 포함되었다. 현재 신리마을 이주가 진행되고 있으며, 이곳에는 신고리 5·6호기가 건설될 예정이다. 결국 고리마을 주민들은 40여 년 동안 세 차례나 이주를 반복하게 된 것이다. 직장이나 학교를 따라 거주지를 수시로 옮기는 도시민과 달리, 농토와 어장 등 땅을 매개로 살아가는 농어민에게 이주는 결코 쉬운 일이 아니다. 더구나 수백 년 동안 공동체를 형성해오며 살아온 인적 기반이 송두리째 사라진다는 박탈감 또한 이주민들에게는 너무나 큰 피해 중 하나이다.

• 고리핵발전소 앞 길천마을의 이주 요구

한편, 고리핵발전소 바로 앞에 위치한 길천마을은 이주를 요구하고 있다. 길천마을은 고리 1호기에서 약 1킬로미터 떨어진 곳에 초등학교와 마을회관 등이 위치해 있을 정도로 핵발전소에 인접한 마을이다. 1988년부터 이어진 길천마을 주민들의 이주 요구는 후쿠시마 핵발전소 사고 이후 더욱 커져, 2011년과 2012년에는 한수원, 기장군 등과 이주 문제를 본격 논의하기도 했다. 이에 따라 이주 필요성에 대한 연구 용역이 진행되기도 했다. 2013년 부산대 연구팀의 용역 결과, "길천마을은 원자로와 최단 700미터 거리에 있어 주민들이 상시적인 불안감을 느끼고 있는 만큼 이주 필요성이 제기된다"는 내용이 발표되었지만, 이주 논의는 진척되지 않고 있다. 한수원은 고리뿐만 아니라, 다른 핵발전소 지역에서도 이주 요구가 이어지고 있는 상황을 고려하고 있는 것이다. 길천 주민들은 밀양 주민들의 기행 직후인 3월 30일부터 매일 집회를 열고 있다. 그리고 이번에는 꼭 마을 이주를 이뤄내겠다는 굳을 결의를 다지고 있다.

| 중수로·경수로·핵폐기장 등
우리나라 핵산업의 백화점이 된 경주 월성 |

지금은 사라져버린 행정구역인 경북 월성군. 경상북도 경주시 양남면 나아리에 있는 월성핵발전소의 이름은 이 월성군에서 따왔다. 핵발전소에 군 이름이 포함되어 농수산물 판매에 장애가 된다며 이름을 한빛과 한울로 바꾼 영광·울진과 달리, 지금은 사라진 지명을 쓰고 있는 월성핵발전소는 발전소 건설 당시 이름을 그대로 간직하고 있다.

• 경수로와 중수로

월성핵발전소는 우리나라 다른 핵발전소와 다른 중수로형 원자로이다. 핵발전소는 핵분열시 나오는 열에너지를 이용해서 물을 끓이고, 이때 발생하는 증기로 터빈을 돌려 전기를 생산한다. 핵분열을 위해서는 중성자의 빠른 속도를 늦춰주는 물질이 필요한데, 이를 감속재라고 부른다. 핵발전소는 감속재의 종류에 따라 일반적인 물인 경수(輕水)를 사용하는 '경수로'와 중소수가 포함된 중수(重水)를 감속재로 사용하는 '중수로'로 구분된다. 중수로형 원자로는 발전소를 설계한 캐나다 원자력공사의 상품명을 따라 캔두(CANDU, CANada Deuterium Uranium)형 원자로라고 부르기도 한다.

3~5퍼센트 정도로 농축된 우라늄을 핵연료로 사용하는 경수로와 달리, 중수로는 0.7퍼센트의 자연 우라늄을 핵연료로 사용한다. 우라늄 농도가 낮다 보니 중수로형은 핵발전소 운영 중에도 계속 핵연료를 교환해야 하며, 따라서 사용후핵연료도 많이 나오게 된다. 23기의 우리나라 핵발전소 중 중수로형은 단 4기에 불과하지만, 사용후핵연료 양의 절반 이상이 월성핵발전소 부지에

있는 것은 이와 같은 이유 때문이다.

경주 월성에는 중수로형 원자로뿐만 아니라 경수로형 원자로도 있다. 신월성 1·2호기는 경수로형 원자로이다. 다른 지역과 마찬가지로 월성핵발전소와 신월성핵발전소는 부지 경계가 맞붙어 있다. 원래는 신월성 4호기까지 건설할 계획이었으나, 신월성 3·4호기 부지는 현재 경주핵폐기장 부지로 활용되고 있다.

● 19년 동안의 갈등 끝에 선정된 경주 방폐장, 그리고 지질문제

핵폐기물 문제는 핵산업계가 안고 있는 고질적인 문제 가운데 하나이다. 오랜 시간 동안 안전하게 핵폐기물을 보관할 수 있는 지질 조건을 찾는 것도 어려울뿐더러 인근 지역 주민들의 반발이 너무나 크기 때문에 핵폐기물을 둘러싼 사회적 갈등은 핵발전소를 운영하는 모든 나라의 공통점이다. 우리나라의 경우에도 1989년 영덕을 시작으로 1990년 안면도, 1994년 굴업도, 2003년 부안 등 19년 동안 아홉 차례에 걸쳐 정부가 핵폐기장 부지를 선정하고자 노력했으나 지역 주민들의 반발과 지질 문제로 번번이 무산되었다.

부안 주민들의 독자적 주민투표로 부안핵폐기장 건설 계획이 무산된 직후인 2005년, 정부는 주민투표 방식으로 핵폐기장을 선정하겠다는 계획을 발표했다. 주민투표 방식은 외견상 민주적인 절차에 따라 핵폐기장 부지를 선정하는 것처럼 보였지만, 실상은 그렇지 않았다.

핵폐기장 찬성운동에 공무원들이 동원되는가 하면, 한쪽에선 금품과 향응이 제공되기도 했다. 지역간 핵폐기장 유치 경쟁이 과열되는 가운데 경주와 군산에서는 지역 감정을 자극하는 플래카드가 붙는가 하면, 지역의 통장과 이장이 핵폐기장 찬성운동에 조직적으로 동원되었다. 특히 부재자 투표를 통해 찬성률과 투표율을 높이자는 전략이 나오면서, 사망자가 부재자로 등록되고 부

재자 신고를 대신하는 불법 투표운동이 진행되기도 했다.

주민투표 결과 경주가 89.5퍼센트로 가장 높은 찬성률을 기록하면서 핵폐기장 부지로 확정되었다. 하지만 주민투표 기간 동안 3천억 원의 지원금을 비롯해 경제적 보상만 홍보되었지 정작 핵폐기장에 중요한 안전성은 거론조차 되지 않았다. 결국 주민투표 이후 핵폐기장 부지의 지질 문제가 부각되었다. 지질 상태가 너무 좋지 못해 건설 공사가 지연되는 일이 벌어졌기 때문이다. 2005년 이전, 정부는 핵폐기물 포화 시점이 다가오기 때문에 2008년까지 핵폐기장이 반드시 건설되어야 함을 수차례 강조한 바 있다. 그러나 실제 건설 공사는 2007년에야 시작되었고, 처음 30개월이던 공사 일정은 지질 보강 때문에 90개월로 세 배나 늘어났다.

경주핵폐기장 주변은 건설 공사 중 하루 3천 톤의 지하수가 공사장으로 유입될 정도로 지하수가 많았다. 단단한 암반 위에 핵폐기장이 건설되어야, 콘크리트로 된 구조물에 문제가 생기더라도 방사성 물질이 유출되는 것을 막을 수 있다. 하지만 경주핵폐기장이 위치한 곳은 그런 곳이 아니었다. 나중에 공개된 문서를 통해, 주민투표 이전에도 경주 지역 지질에 문제가 있다는 사실을 정부가 알고 있었으나 이를 공개하지 않은 사실이 밝혀졌다. 이외에도 활성단층 발견이나 콘크리트 구조물의 안전성 논란이 이어졌지만, 정부는 지금도 경주핵폐기장 안전성에는 문제없다는 입장을 견지하고 있다.

| 고리 핵발전소의 사건·사고 |

우리나라 핵발전소 23기 가운데 고리 1호기는 가장 많은 사고가 일어난 핵발전소이
다. 1978년부터 2015년 3월까지 우리나라에서 일어난 690건의 사고·고장 중 130건
이 고리 1호기 단 한 기에서 일어났다. 사고·고장 5건 중 1건이 고리 1호기에서 일어난
것이다.

그 중 가장 큰 것은 2012년 2월에 있었던 정전 사고이다. 발전소 정비 중 작업자의 실
수로 송전선 전원이 모두 차단되는 일이 일어났다. 핵연료 냉각이 멈추면 폭발 사고
로 이어질 수 있기 때문에 핵발전소 정전은 매우 위험한 사고이다. 후쿠시마 핵발전
소 사고 역시 지진과 쓰나미로 모든 전원이 끊어지면서 생긴 것이다. 고리 1호기에는
정전에 대비해 비상디젤발전기가 있었으나, 노후한 밸브가 고장을 일으키면서 이 역
시 작동하지 않았다. 이런 일이 동시에 벌어졌다는 것만으로도 큰 사고였는데, 당시
발전소장이 이를 은폐하면서 문제가 더욱 심각해졌다. 결국 외부 제보에 의해 밝혀진
고리 1호기 정전 은폐 사고는 부실한 작업관리, 노후 핵발전소의 부품 문제, 관리자의
도덕적 해이가 종합적으로 작용한 사고이다.

이번 기행을 다녀오고 일주일이 지난 3월 31일 고리 3호기 터빈 건물에서 배수펌프
가열로 화재가 발생하기도 했다. 당시 한수원은 화재가 7분 동안 이어졌다고 발표했
지만, 실제로는 한 시간 이상 터빈 건물이 연기에 휩싸여 있는 CCTV 화면이 뒤늦게
공개되면서 화재 사고를 축소한 것 아니냐는 의혹이 제기되기도 했다.

| 발전소 주변 지역 지원에 관한 법률 |

1989년 제정된 '발전소 주변 지역 지원에 관한 법률'(약칭 '발전소주변지역법')은 핵
발전·화력·수력 등 발전소 주변 지역 지원을 위해 만들어진 법이다. 이 법에 따르면 발
전소로부터 반경 5킬로미터 이내에 있는 지자체는 전력산업기반기금에서 지원을 받
을 수 있다. 전력산업기반기금은 전기요금의 3.7퍼센트를 의무적으로 부과하는 기금
으로, 2013년 2조 5천억 원이 모였다. 이 중 발전소 주변 지역 지원금으로 사용되는
금액은 2300억 원 수준이다. 발전소 주변 지역 지원금은 법률에 의해 발전소 인근

주민들의 복리 증진, 환경 관리 등에 쓰도록 하고 있지만, 도로 건설 등 보여주기식 토목 공사, '눈먼 돈'으로 불리는 무분별한 사업 추진, 발전사업자에게 유리한 홍보사업 전개로 논란이 되곤 한다. 특히 매년 수십억 원씩 투입되는 원자력문화재단 지원금 등은 핵산업계에게 일방적으로 유리한 홍보를 하고 있다는 점에서 계속 지적되는 사안이다.

| 핵발전소 주변 지역의 다양한 지원금 |

핵발전소 주변 지역에는 다양한 재정 지원이 이뤄진다. 이들 지원금은 전기요금에 포함된 형태로 마련되는데, 전기요금에 직접 포함되어 있는 각종 세금과, 전기요금의 3.7퍼센트씩 거둬들이는 전력산업기반기금으로 인한 지원으로 크게 나눠 볼 수 있다.

이 중 규모가 큰 것은 전력산업기반기금에 의한 기본지원금이다. 기본지원금은 발전소별로 생산한 전력량에 비례해 지자체에 교부한다. 2013년 고리 지역에 162억 원의 기금이 지원된 것을 비롯, 4개 핵발전소 지역에 모두 542억 원의 지원금이 교부되었다. 또한 핵발전소 건설시 건설 비용의 1.5퍼센트의 지원금이 지원되는데, 신고리 1·2호기 건설 과정에서 704억 원, 신고리 3·4호기 건설 과정에서 1,147억 원의 특별지원금이 교부되었다.

이와 같은 지원금은 재정적으로 취약한 지자체 재원을 확보하는 데는 도움이 되지만, 지원금이 교부된다는 이유로 지자체별 일반 교부금이 줄어드는 문제가 발생하기도 한다. 핵발전소에서 지원을 받으니 그만큼 중앙정부에서 내려 보내는 일반 교부금이 줄어드는 것이다. 이와 함께, 지역 사회가 핵발전소에 종속되는 문제나 부실한 지원 사업으로 인한 비리 발생 등 핵발전소 지원금을 둘러싼 논쟁이 끊이지 않고 있다.

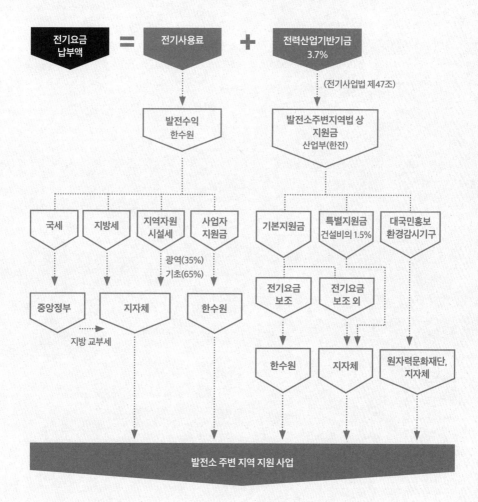

전기요금 납부액 = 전기사용료 + 전력산업기반기금 3.7%

(전기사업법 제47조)

발전수익
한수원

발전소주변지역법 상
지원금
산업부(한전)

| | | | | | | |
국세 | 지방세 | 지역자원 시설세 | 사업자 지원금 | 기본지원금 | 특별지원금 건설비의 1.5% | 대국민홍보 환경감시기구

광역(35%)
기초(65%)

중앙정부 | 지자체 | 한수원

지방 교부세

전기요금 보조 | 전기요금 보조 외

한수원 | 지자체 | 원자력문화재단, 지자체

발전소 주변 지역 지원 사업

삼척
울진
영덕
밀양

고준길 구미현 김필기 김옥희 (주민)
이계삼 김우창 김태철 남어진 (밀양대책위)
이경희 조현나 (영상)
이우기 (사진)
이헌석 (안내)

1일차: 390.5km
밀양 출발 – 강원도 삼척시 핵발전소유치반대투쟁위원회 – 삼척시 근덕면 원전백지화기념탑
– 삼척 대진핵발전소 예정지 – 울진군 북면 신화리 – 삼척시 원덕읍 옥원리

2일차: 274.8km
경북 울진군 북면 울진핵발전소 – 울진군의회 – 영덕군 영덕읍 핵발전소건설백지화범군민연대
– 영덕풍력발전단지 - 밀양 도착

4장
남은 세월, 탈핵을 실천할 것이다
삼척·울진·영덕

土
3

나는 고준길이다. 올해 일흔셋, 단장면 용회
마을에 산다. 부산에서 초등학교 교사로 40년간 봉직했다. 그 중 마지
막 8년을 교장으로 일해서, 사람들은 나를 '교장 선생님'이라고 부른다.
대우해 주려고 하는 소리겠지만, 이제는 시골 할밴데, 교장이라고 불러
서 민망스러울 때가 많다. 고향은 경남 양산이고 어릴 때 시골 살던 기
억이 있어서 노후에는 반드시 시골에서 살겠다고 마음먹고 있었다. 그
래서 2000년 무렵에 이곳 용회마을에 땅을 사 두었다. 경치가 참 아름
다웠고, 농사짓는 작은 마을이 좋아 보였다. 시골살이를 마음먹은 것에
는 아내의 병 문제도 있었다. 아내는 '위무력증'이라는 병으로 오랫동안
고생을 했다. 병원치료를 해도 효과가 없었고, 2007년 내가 퇴임할 무
렵에는 절망적인 상황이었다. 아내는 얼마라도 좋으니 시골에서 살다가
죽고 싶다 했고, 마음이 급해지니 서둘러 집을 지었다. 그렇게 밀양에
오게 되었다.

3년이 지나면서, 아내는 조금씩 회복이 되었다. 37킬로그램밖에 안
나가던, 뼈와 거죽만 남은 아내였다. 소화를 시키지 못하니 음식을 먹
을 수가 없었는데, 3년간 멸치도 안 먹을 정도로 철저하게 채식을 했고,

용회마을의 햇빛과 공기 속에서 아내는 건강을 찾기 시작했다. 그리고 얼마 뒤 송전탑 일을 알게 되었다. 바로 집 뒷산으로 100번, 101번 두 개 철탑이 지나간다는 것이다. 산외면 보라마을 이치우 어르신이 돌아가시기 6개월 전, 김중겸 한전 사장이 밀양시청에 왔을 때 처음으로 데모에 참가한 기억이 난다.

그렇게 해서 아내와 나는 이제 송전탑 반대 데모에 끼게 되었다. 원래 독립운동가 집안의 후손이고, 일찍부터 리영희 선생의 책을 읽는 등 '의식 있는' 아내는 적극적으로 참여했다. 나도 국가가 잘못된 길을 가면 문제를 제기하고 시정을 촉구하는 것이 국민의 의무라고 믿을 정도의 상식은 갖춘 사람이어서 열심히 참여했다.

사실, 처음에는 내 재산과 가족의 건강을 지키고 싶은 이기적인 마음이 컸다는 것을 인정하지 않을 수 없다. 또 우리 마을은 애초에는 '철탑을 마을 뒤쪽으로 더 밀어주는 조건'으로 합의를 한 곳이어서 이를 번복하고 다시 싸우자고 말하기 어려운 사정도 있었다. 몇 년간을 아내의 치료에 전념하다 보니, 이사 온 지 4년이 지났지만 마을의 서른 가구 중 서너 집밖에 몰라서 주민들에게 데모를 호소하는 일도 쉽지 않았다.

그때 가장 큰 힘이 됐던 사람이 오늘 여행에 동행하는 김옥희 씨와 남편 박호야 씨다. 박호야 씨는 이 동네 토박이고, 마을에서 평생 농사지으면서 주민들의 신뢰를 받아온 사람이다. 호야 씨가 마을 대책위원장을 맡아 여러 어지러운 논란들로부터 중심을 잡아준 것이 내게는 말할 수 없는 힘이 되었다. 부인 김옥희 씨도 이곳에 시집와서 수십 년 농사만 지어온 사람이지만, 마음이 바르고 정이 도타워서 우리 아내와 우리 뒷집 송루시아 씨와 함께 삼총사가 되어 마을 안팎의 궂은일을 다 해내었던 것이다.

그렇게 4년을 일했다. 101번 철탑 예정지에 부북면에서 하듯이 농성 움막을 지었다. 등산로가 없던 곳을 수십 번 오르내리면서 길을 만들고 밧줄을 묶었다. 대책위와 함께 전국 방방곡곡 집회를 안 다닌 곳이 없다. 그리고 2013년 5월과 10월, 공사가 재개되었을 때 우리도 힘차게 싸웠다. 2013년 10월, 바드리에서 싸울 당시에 나는 '불법농성의 주모자'로 지목받고, 술 냄새를 풀풀 풍기는 밀양경찰서 경위에게 강제 연행을 당했다. 한전이 주민과 대책위 활동가들을 상대로 걸었던 공사방해금지가처분도 당했다. 결국 자기네들 말로 하자면 '불법행위' 몇 건으로 기소당했다. 1심이 끝날 무렵, 법정 최후진술 시간에 나는 판사 앞에서 이렇게 말했다.

이제 송전탑 공사가 끝나고 우리 주민에게 남은 것이 무엇입니까. 세월호 아이들이 뱃 속에서 죽어갔던 것처럼 송전탑 밑에서 죽어가는 일만 남았습니다. 판사님 저에게는 징역형이나 노역형을 내려주십시오. 벌금형이 나오면 노역을 들어가 살겠습니다. 이 부당한 일들에 저는 벌금을 낼 수가 없습니다.

나는 정말 그렇게 하고 싶었다. 그런데 법원은 나를 징역 6개월에 집행유예 2년을 선고했다. 평범한 교육자로 평생을 살아온 내가 늘그막에 왜 이런 변화를 겪게 되었나.

이 일에 빠져들면 들수록 나는 다른 길로 접어드는 나를 발견해야 했다. 우리는 국민도 아니고, 국가로부터 버림받은 존재라는 생각이 가장 괴로웠다. 국가가 어떻게 국민에게 이럴 수 있는가? 시골 사람들이 배운 게 없다지만, 이게 사람이 할 일인지, 사람이 당해서 될 일인지, 이런 판단은 누구보다 정확하게 하는 것을 보았다.

손에 잡히는 것도 없고, 10년 투쟁 끝에 남은 것은 철탑 선 것밖에 없는데도, 우리 마을 30가구 주민들 중에 25가구가 아직 합의금을 받지 않고 버티고 있다. 철탑을 조금 더 뒤쪽으로 밀어달라는 조건으로 합의까지 한 동네가 이렇게 버티는 것은 정말 대단하다. 그것은 주민들이 '자존심'이 살아있기 때문이다. 공사 재개됐을 때는 용회마을은 바드리까지 원정을 가서 고생을 했고, 밀양 주민 중에 첫 번째 구속자도 우리 마을에서 나왔고, 경찰에게 당했던 폭력의 상처도 깊다. 그러다 보니 주민들은 "합의금 200만 원, 그거 없어도 산다, 저놈들한테 자존심 굽히기는 싫다"는 생각을 하고 계신 것이다.

우리 마을의 주축인 70~80대 할머니들, 이분들은 일제 시대 태어나서 전쟁을 겪었고, 다들 소작 살던 집에서 나고 자란 분들이다. 산에 가서 나무해서 밀양장까지 걸어가 팔고, 어쩌다가 돈 조금 모아서 밭뙈기 하나 사고, 이렇게 모은 논밭인데, 그것이 철탑 밑에서 가치 없는 재산이 되었을 때 그 절망이 오죽했겠나. 그러니 내가 철탑을 못 뽑아도 자식 대에는 뽑아내서 땅을 지켜내고 싶다는 생각을 하시는 것이다.

그리고 우리 용회마을은 연대자들의 힘을 정말 많이 받았고, 지금도 받고 있다. 우리 마을은 울산 지역 시민단체들과 '어린이책시민연대' 젊은 엄마들과 거의 식구처럼 친해졌다. 이분들이, 지난 2년 가까운 세월 동안 자기 마을처럼 우리 동네에 연대해 주었다. 이분들이 얼마나 지극 정성으로 돌봐주었는데, 그 사람들을 배신할 수 있겠나, 그 사람들이 얼마나 실망하겠나, 우리를 사람으로 보기나 하겠나, 이런 생각 때문에 우리 마을 사람들은 합의를 안 하고 있기도 한 것이다. 지난 몇 년간 정말 힘도 많이 들었지만, "세상이 그래도 살 만하다"는 것을 연대하는 사람들을 보면서 느낄 수 있었다.

대책위에서 '탈핵 탈송전탑 기행'을 제안했을 때, 우리 용회마을은 핵발전소 지역을 가겠다고 신청했다. 그동안 싸워오면서, 송전탑만 막아서 될 일이 아니라 그 배후에 있는 핵발전소도 막아야 한다는 생각을 하게 되었다. 여기저기 이야기도 많이 들었고 나름대로 책도 읽고 공부도 하면서 '탈핵'이 얼마나 중요한지 알게 되었다.

『경남도민일보』에서 중·고등학생들을 대상으로 한 에너지 기행 프로그램을 했는데, 그 프로그램에 참가한 아이들이 우리 마을을 여섯 번인가 다녀갔다. 그때 아이들이 한수원 홍보실에서 하는 이야기, "핵발전소가 제일 안전하고 경제적이고 깨끗하다"는 말도 안 되는 이야기를 곧이곧대로 믿는 것을 보면서 큰일이라는 생각이 들었다. 핵발전소의 실상을 널리 알려야 할 필요를 느꼈고, 나도 무언가 해야겠다는 생각이 들었다.

함께 가는 김필기 할머니는 올해 일흔일곱인데, 할아버지가 작년에 돌아가시고 혼자 깻잎 비닐하우스를 하시는데 이번 기행에도 함께해 주셨다. 우리가 기행 끝나고 이틀 동안 못 딴 깻잎을 함께 따 주기로 했다.

동해안 7번 국도를 세 시간 넘게 달려서 삼척에 도착했다. 삼척우체국 앞에 차를 댔는데, 시내 한가운데인데 경운기가 탈탈탈 지나간다. 옥희 씨가 경운기 소리를 들으니 일하고 있을 남편 생각이 난 모양인지 "박호야 경운기 소리하고 똑같네"라고 해서 같이 웃었다.

아! 기쁘다, 승리하는 소식을 듣게 되다니 / 삼척 반투위 방문

삼척은 익히 알려져 있다시피 우리나라 반핵운동의 역사에서는 상당히 특별한 곳이다. 수많은 투쟁이 있었지만 끝내 패배할 수밖에 없었던 곳들과 달리, 지금까지 내내 승리의 역사를 이어온 것이다. 핵발전소 두 번, 핵폐기장 한 번, 그리고 이번 주민투표까지. 그래서 삼척의 경험은 매우 귀하다.

된장찌개로 함께 점심을 먹고, 시내 한가운데 있는 삼척 핵발전소반대투쟁위(반투위) 사무실에서 성원기 교수님, 그리고 삼척 지역 사회의 분위기를 반전시키는 데 큰 역할을 한 삼척여고 총동창회 전 회장 김숙자 님, 반투위 정연수 실장님을 만나 삼척의 이야기를 들었다. 성원기 교수님이 워낙 일목요연하게 잘 정리해주셔서 그 이야기를 그대로 옮긴다.

삼척은 좀 오래됐습니다. 정부가 일방적으로 핵발전소 부지를 지정하던 군사정부 시절, 1982년에 처음 반핵운동이 시작되었습니다. 1992년에 핵발전소 건설 움직임이 보이기 시작했을 때 근덕면민 중심으로 막아내기 시작했습니다. 우리 삼척 반핵운동의 산 증인이라 할 최봉수 어르신(위원장님)이 중심이 되어서 핵발전소에 대해 묻고 따지기 시작했고, 서울에 있는 환경운동연합에 지원 요청을 하였습니다. 당시, 서울에서 온 활동가가 마을회관에서 먹고 자면서 집중적으로 공부를 했습니다. 핵발전의 원리부터 주변지역 오염, 농산물·수산물 방사능 오염까지 공부를 해서 마을 주민들과 공유를 했어요. 그렇게 준비기간을 1년 정도 가졌고, 1993년 8월 29일 반투위 출범식을 했습니다.

근덕면민이 8천~9천 명 되던 시절인데, 근덕초등학교에 7천 명이 모였어요. 갓난아기하고 거동이 불편한 분들 빼고는 다 나왔다고 봐야죠. 처음부터 반정부투쟁이 되었습니다. 대규모 집회를 끊임없이 했고, 상여 투쟁도 했고, 7번 국도를 막고, 별 일이 다 있었죠. 1998년까지 6년간 항쟁을 했습니다. 항쟁이라는 표현을 쓴 게, 주민들이 생업을 포기하고 싸웠거든요. 막판에는 버스에 가스통 싣고 광화문 정부종합청사 앞에 가서 "우리는 여기서 죽는다. 죽을 수는 있어도 물러서지는 않는다"고 버텼습니다. 김대중 정부 시절인데, 정부도 감당이 안 되니 책임자가 와서 "우리 믿고 내려가시라", 요청을 했어요. 그리고 얼마 후 1998년 12월 30일, 정부가 핵발전소 예정구역 고시를 해제하고 관보에 실었습니다. 그렇게 해서 삼척은 핵발전소에서 빠졌어요. 근덕면 핵발전소 예정부지에 '원전백지화기념탑'을 세웠습니다.

그리고 2005년도에 핵폐기장 이야기가 나왔습니다. 분위기가 처음하고는 달라져 있었어요. 일부 시의원은 찬성을 하고, 시장은 중립이라고는 하지만 입조심을 했고. 한수원에서 작업을 한 것 같아요. 지역 경제 운운하면서 핵폐기장을 들여오자고 바람을 잡았습니다. 시의회를 둘러싸고 천여 명이 모였습니다. 격앙된 분위기에서 확성기로 "당신들의 결정 때문에 만약 핵폐기장이 들어오게 된다면 우리는 당신들의 안전 귀가를 보장 못 한다"고 외치며 시민들이 압박을 했고, 다행히 시의회에서 유치신청안이 부결되었습니다. 예정지였던 이천이라는 조그만 동네에서 할아버지 할머니들이 천막 치고 우리 마을을 지켜달라고 호소를 했는데, 삼척 시민들이 다 나와서 함께 막아준 거죠. 그렇게 삼척은 핵발전소와 핵폐기장을 다 막아낸 지역이 되었습니다.

그런데 다시 핵발전소 유치 이야기가 나왔어요. 정부는 정말 비겁했습니다. 핵폐기장 유치에는 주민투표를 의무로 하고 찬성이 높은 곳을 주겠다고 하면서, 더 위험한 핵발전소는 시의회 동의만 얻고 시장이 신청하도록 했어요. 이명박 정부의 꼼수였습니다. 그러면, 시장이 안 하면 그만인데, 당시 시장이 뭔가 정부와 만나는 접점이 있었습니다. 김대수 시장이 이미 30만 평 산을 허물어 놓았어요. 거기에 방재산업단지를 조성하겠다고 터를 닦았습니다. 근데요, 삼척은 물류가 안 좋아 제조업이 잘 안 되는 곳입니다. 소방방재산업은 규모가 크지도 않아요. MOU를 100개 업체와 체결하고, 강원개발공사가 330억 원을 투자하고, 삼척시도 30억 원인가를 투자했는데, 문제는 단 한 업체도 입주를 안 했다는 거죠.

2009년 말부터 책임론이 슬슬 불거지기 시작했습니다. 이거 누가 책임질 거냐, 산은 밀어 놓았고, 사업체는 안 오고, 돈은 회수해야 하고. 그때부터 원자력 클러스트니, 스마트원전연구소니, 이상한 소리들을 하기 시작하면서 원자력연구원장을 초청해서 강연회하고, 바람을 넣기 시작했어요. 저희들은 "연구소는 몰라도 핵발전소를 들여놓겠나" 했는데, 2009년 말에 드디어 핵

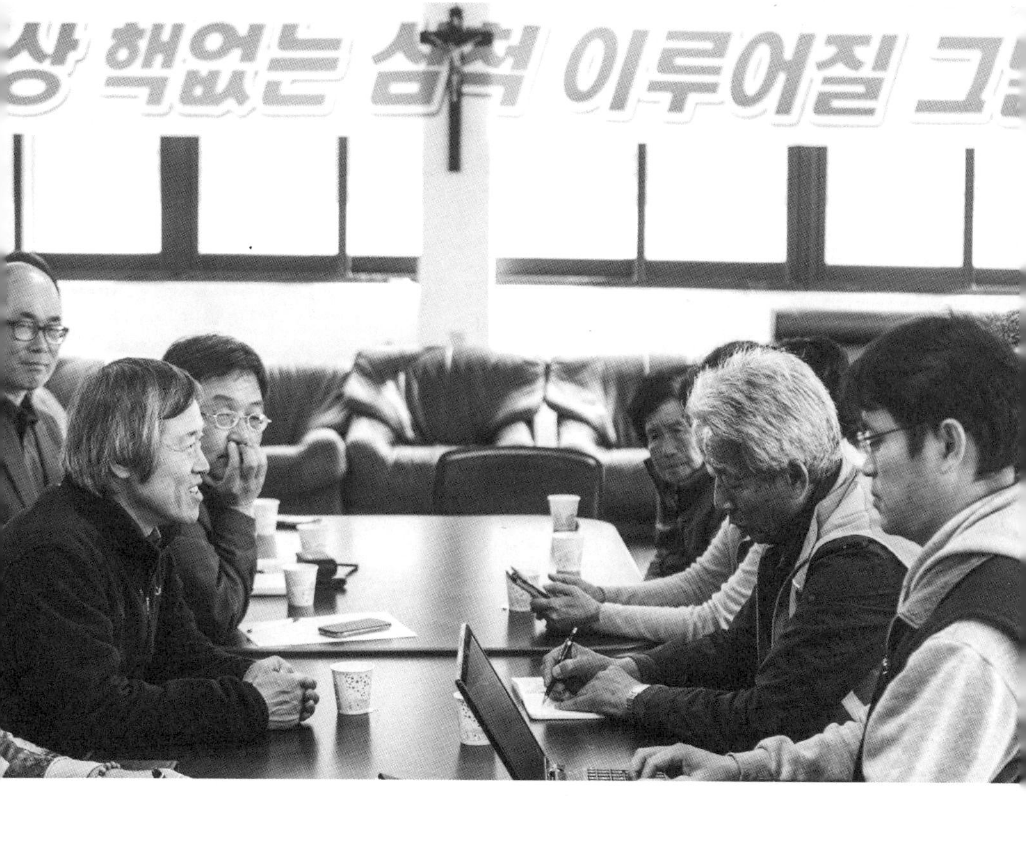
상 핵없는
이루어질

발전소를 들여놓겠다고 본색을 드러내더니, 2010년에 유치신청을 했습니다.

　그때, 삼척 도계성당에 계시던 박홍표 신부님이 나서기 시작했습니다. 시장의 권력이 워낙 막강해서 신분 안전조차 보장 안 되던 시절에, "내가 사제로서 십자가를 지고 나서서 막겠다. 핵발전소 짓지 마라" 하신 거죠. 시의회 의원들을 설득해서 "주민투표를 조건으로 시장의 유치 신청에 찬성하겠다. 시간이 없으니 일단 신청을 하고 주민투표를 나중에 한다"는 약속을 받아냈고, 주민투표를 한다는 것을 문서로 남겼습니다.

　그런데 주민투표를 안 하는 거예요. 저희 삼척 반투위에서는 지속적으로 문제제기를 했는데, 2011년 2월부터 다른 이야기를 하기 시작합니다. 주민투표 말고 주민 찬성 서명부로 하겠다는 거예요. 시장이 주도하에 찬성 서명부를 만들었습니다. 시내에 서명대가 깔리고 직장마다 받고. 그런데 갖은 수단을 써도 서명 숫자가 안 올라가니, 결국에는 한 사람이 서명부를 만드는 사태가 났어요. 그렇게 해서 찬성이 113퍼센트가 나왔다가, 조정을 해서 96.9퍼센트짜리 찬성 서명부를 정부에 제출했습니다. 반투위에서 "서명부 열람을 하자"고 해도 안 보여주었습니다. 시는 그걸 한수원, 산업부, 청와대, 총리실, 국회에 쭉 보냈어요. 그게 삼척의 핵발전소 예정구역을 지정하는 중요한 근거가 되었습니다. "96.9퍼센트가 찬성하는데 어떻게 안 넣을 수 있겠나. 서류로 다 해놓고 왜 딴소리 하냐." 우리가 문제제기하면 정부 쪽 사람들은 이렇게 나오는 거예요.

　나중에 김양호 시장이 당선된 후 실시한 주민투표 하루 전날, 2014년 10월 8일에 국회 김제남 의원이 김대수 시장 시절에 만든 그 찬성 서명부가 허

위라는 증거를 찾아내서 기자회견을 했습니다. 총리실도 산업부도 우리가 서명부를 열람하자고 하니 없다고 잡아뗐는데, 국회 사무처에서 발견이 된 거예요. 누가 봐도 한두 사람이 주욱 적어나간 거예요. 그리고 찬성 96.9퍼센트가 나올 수가 없는 것이, 서명 안 한 사람이 유권자 5만 8천 명 중 1,788명이라는 건데, 외지에서 대학 다니거나 군대 가 있는 등 부재자가 5퍼센트를 훨씬 넘어요. 강원민방에서 필적 감정도 했는데, 동일인 필체라고 결론이 났어요. 정부도 삼척시도 "서명이 왜 가짜라고 하느냐" 항의도 안 했어요.

여하튼, 2011년 후쿠시마 핵사고가 나고 분위기가 바뀌어도 정부는 후퇴하지 않았습니다. 시장은 주민투표에 대해서는 모르쇠로 일관하고. 그래서

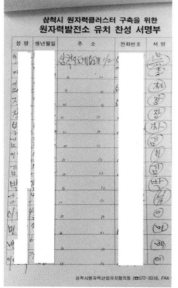

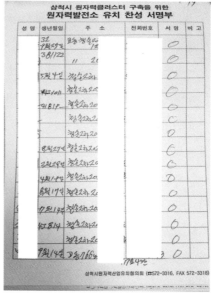

결국 2012년 6월에 주민소환 운동을 시작했습니다.

주민소환을 위한 청구인 서명을 받는데, 시장이 왕처럼 군림하는 곳에서 서명 받기가 얼마나 힘들었겠어요. 청구인이 8900명이면 되는데, 어렵게 한 사람씩 받고 받아서 1만 3천명을 받았어요. 근데 서명지를 시에서도 열람을 하게 되니까, 서명한 사람들이 겁에 질려서 빼달라고 울상을 지었죠. 서명한 시청 공무원 중에는 한직으로 쫓겨난 사람도 있고. 다시 빠지겠다는 철회서 가 서명자보다 더 많아졌어요. 결국 선관위에 접수를 했는데, 15퍼센트를 겨 우 넘겼습니다. 2012년 12월 31일자로.

주민소환 서명 접수 하루 전에 강원대 삼척캠퍼스 교수 204명 중에 107명 이 서명한 시국선언을 했어요. '삼척 핵발전소 건립 반대 교수 서명'이었는데, 성명서 발표 기자회견을 못 했어요. 방송차까지 끌고 와서 "성원기와 그 일당 은 물러가라" 빨간 글씨로 써 놓은 현수막을 걸어놓고 훼방을 해요. 자유당 시절에도 교수 기자회견은 못 막았는데, 기자회견도 엎어버리는 거죠.

천신만고 끝에 주민투표를 하게 되었습니다. 그런데 투표율이 안 오르는 거예요. 투표장에 공무원 부인들이 앉아서 마스크 쓰고 째려보고 있고. 결 국 25.9퍼센트가 투표를 했지만, 투표율이 33.3퍼센트가 안 돼서 투표함 개 함을 못했습니다. 실패를 한 거죠.

그로부터 2014년까지 2년 동안 계속 촛불집회 하고, 미사 드리고, 1인 시 위 하고, 주말에는 도보순례 하고, 그렇게 시간을 보냈습니다. "잊어버리지 말자. 국민의 기본권 중의 기본권인 투표조차 제대로 못한 엄혹한 시절을 살 았던 것을 잊지 말자. 그날을 잊어버리지 말자." 치욕을 잊지 말자고 다짐한 거예요.

그리고 2014년 6·4 지방선거가 왔습니다. 그날은 깡패들 동원해서 투표 못 하게 할 수도 없고 공무원 부인들이 마스크 쓰고 앉아서 투표하는 사람 째려보지도 못하는 날이죠. 전국에서 가장 높은 투표율로 시민들이 투표에 참여했습니다. 핵발전소를 추진한 당시 김대수 시장과 반핵 김양호 후보가 1:1로 붙었습니다. 상대가 현직 시장이고 80퍼센트가 여당 성향이라는 삼척에서, 시민들이 무소속 반핵 김양호 후보에게 62.4퍼센트 몰표를 던진 거예요. 투표도 못하게 만든 억울함을 풀고 싶다, 우리를 왜 주민으로서 대우를 안 했냐, 투표 결과는 많은 것들을 포함하고 있어요. 민주주의의 복원이고 핵발전소 반대에 대한 뜻이기도 하고.

삼척에서 선거 혁명이 일어났고, 삼척은 핵발전소에서 벗어나게 되었습니다. 물론, 정부 반응은 뻔했습니다. "일개 지자체 장이 바뀌었다고 해서 정부 정책이 바뀌지 않는다."

김양호 시장이 주민투표를 하겠다고 하고, 시의회에 '삼척 원전 신청 철회'에 대한 건을 상정하니 8명 만장일치로 가결되었습니다. 그게 오전인데, 그날 오후에 산업부에서 보도자료를 냈어요. "핵발전소는 국가사무이므로 주민투표 대상이 아니다"라고.

우리는 당연히 법률자문도 받았는데요, 대다수 법률가들이 뭐라고 하느냐면, "핵발전소 신청이 지방사무라면 철회도 지방사무로 보는 게 마땅하다"는 거였어요. 집 사겠다고 계약을 내가 했으면 해약도 내가 하는 게 맞다는 거죠.

당연히 주민투표를 주관해야 하는 선거관리위원회도 관여하지 않겠다고 나옵니다. 헌법기관인 선관위가 행정부 말을 들을 필요가 없는데도요. 결국 시에서 자체적으로 했습니다. 부안에서 핵폐기장을 물리쳤던 승리의 역사가 그대로 삼척에서 부활했습니다. 한글날인 2014년 10월 9일 투표에 들어갔고, 10월 8일 사전 투표일을 하루 더 두었습니다.

68퍼센트의 투표율에, 반대 85퍼센트, 찬성 15퍼센트로 9시 뉴스에도 생중계되면서 개표를 하고, 삼척이 핵발전소 반대한다는 것을 온 나라에 확실히 보여주었습니다. 투표 과정에서 어떤 잡음도 없었습니다. 이 시점에서 정부가 어떻게 할 것인지에 대한 답을 보여준 거죠. 이 정도의 투표로 드러난 민심을 부정하게 되면 민주주의를 안 하겠다는 것입니다.

현 시점에서 '7차 국가에너지기본계획'에서 삼척에 오기로 했던 핵발전소 두 기와 신고리 7~8호기까지 네 기를 영덕으로 보낸다는 말이 있는데, 우리는 또한 그걸 원하지 않아요. 우리는 이 나라의 '탈핵'을 외치는 것입니다. '유보'는 언제 다시 불거질지 모르는 거라서 안심할 수 없습니다.

핵발전소를 막는 건 국민이 나서는 길밖에 없습니다. 삼척에서는 그러한 운동이 1982년부터 따지면 33년이 되었어요. 그 당시에는 청년이던 사람도 이제 60이 넘었구요. 그때 근덕면 위원장을 하셨던 최봉수 어르신은 올해 여든이 되셨는데, 지난 주민투표 당시에 근덕면 지역 준비위원장으로 일하셨어요.

꾸준하고 쉼 없는 운동의 덕택

성원기 교수가 풀어준 삼척의 반핵운동사는 한편의 감동적인 영화를 보는 듯했다. 듣는 우리가 마음이 다 짜릿하고 뭉클해졌다.

그래도 이건 궁금해졌다. 핵발전소든 핵폐기장이든 정부가 주민들을 꼬이는 논리 중에는 "돈을 풀어서 지역을 살리겠다"는 것인데, 삼척은 이걸 어떻게 극복했는지 궁금했다. 정부가 핵발전소 들여놓으면 350억 원을 지원하겠다고 약속했고, 김대수 시장 시절에 돈이 어느 정도 내려 왔는데 집행을 못 했고, 김양호 시장이 당선된 후 반환했다고 한다. 바로 옆 울진에 핵발전소 들어온 지 10년이 넘었지만, 울진이 전혀 발전하지 않았고 오히려 침체되어가는 것을 삼척 시민들도 다 보고 있었기 때문에 핵발전소가 들어오면 경제가 좋아진다는 선전에는 별로 현혹되지 않았다고 한다.

지난 2012년 주민소환이 실패하고 나서 2년간 상황을 반전시켜 반핵 후보를 시장으로 당선시키고 끝내 주민투표까지 성공시킨 지역 운동의 힘도 궁금했다.

성원기 교수는 그것을 "꾸준하고 쉼 없는 운동의 덕택"이라고 답했다. 박홍표 신부님이 앞장을 섰고, 매주 촛불집회와 미사를 쉬지 않았고 한다. 수십 년 이어진 반핵운동의 에너지가 바탕이 되었고, 성원기 교수 주도로 전국을 몇 차례나 도보순례 하면서 전국에 삼척의 이야기를 알린 것도 힘이 되었다. 무엇보다 매주 이어진 미사와 촛불집회의 힘을 꼽는다. 미사와 집회를 통해 서로 마음을 다스리고 결의를 다진 것,

핵발전소를 막는 건 국민이 나서는 길밖에 없습니다.
삼척에서는 그러한 운동이 33년이 되었어요.
그 당시에는 청년이던 사람도 이제 60이 넘었구요.

40 일차

삼척원전
백지화!

그리고 그 2년 동안 비가 오나 눈이 오나 시내에서 1인 시위를 하면서 불씨를 꺼뜨리지 않았던 것이 큰 힘이 되었다고 한다. 핵발전소를 물리쳐야 한다는 시민의 열기가 식지 않고 보존될 수 있었던 것이다. 그리고 50대 50 정도였던 여론이 후쿠시마 사고 이후 많이 바뀌었다고 한다.

우리 밀양도 이제 촛불집회가 200회가 다 되어 가는데, 철탑 다 섰다고, 시민들이 다 잊고 있다고, 소홀히 할 일이 아니라는 생각이 들었다. 삼척처럼 저렇게 꾸준하게 하면 언젠가 어느 곳에서 꽃이 피어나지 않겠나, 하는 믿음이 생겨서 마음이 가벼워졌다.

1980~1990년대 핵발전소가 들어오는 것을 막아내지 못했다면, 삼척도 지금 아마 울진처럼 6기 이상은 가동되고 있을 것이다. 우리나라 핵발전소는 30기를 넘어섰을 것이고. "척하면 삼척이라고, 무슨 일이든 은근하게 다들 알고 움직이는 곳"이 바로 삼척이란다. 삼척을 알게 되어 기뻤다. 이곳은 살아있는 민주주의의 기념관이 되어야 마땅하다고 생각했다. 주민투표의 기록도 다 남기고, 삼척 한가운데에 탈핵기념비를 세워야 한다고 생각했다.

반투위 사무실을 나와 차를 타고 삼척시 근덕면에 있는 원전백지화기념비에 가서 기념사진을 찍었다. 모두 둘러선 자리에서 옥희 씨가 대표로 '원전백지화기념비문'을 특유의 낭랑한 목소리로 낭독했다.

근덕면민은 결사의 투쟁으로 덕산 원전건설계획을 백지화하였다.
애향의 열정과 살신의 각오로 청정해역과 수려한 강산을 지켰다.
이 승리의 기쁨을 아름다운 삶의 터전을 물려주신 조상에 바친다.

우리의 반핵 의지를 이 땅을 지켜 갈 후손에 계승한다.
이로써 우리는 8·29공원을 조성하여 기념탑과 기념비를 세우고
향토 사랑의 큰 터로 삼고자 하나니
삼척과 근덕인의 번영과 영광이 이 비와 함께 영원하리라.

— 서기 1999. 11. 28.

김대수 시장이 30만 평을 산을 허물어 방재산업단지를 들이려 하다 안 되니 핵발전소를 유치하려 했던 현장도 찾아가 보았다. 누군가 "인공 그랜드캐년을 만들어놨네"라고 한다. 산 몇 개를 결딴을 내고 마을을 엉망으로 만들어놓았다. 책임지는 사람도 없고, 혈세 400억 원을 허공에 날려버린 처참한 일이었다. 이 나라 곳곳이 다 이런 식으로 파헤쳐지고 망가졌을 것이다. 이것을 바로잡는 것은 후손에게 물려줄 일이 아니다. 지금 당장 우리들 자신부터 시작해야 할 일이다. 삼척은 그 첫걸음을 이제서라도 잘 내딛은 것이다.

해도 해도 너무하네요 / 울진군 북면 신화리

이제 울진 신화리로 간다. 우리는 울진 신화리 주민들을 2013년에 만난 적이 있다. 2013년 8월, '전국송전탑반대네트워크'가 결성될 때 밀양을 찾은 신화리 주민들의 이야기를 들었다.

울진핵발전소 바로 옆, 발전소를 나와 곳곳으로 뻗어가는 철탑들에

뺑 둘러싸인 마을이 바로 신화리다. 마을 500미터 안에 765kV, 345kV, 154kV 송전탑 열다섯 기가 지나가고, 변전소가 네 군데나 있다고 했다. 또 핵발전소가 들어오면서 7번 국도가 우회하여 바로 마을 앞을 지나게 되어 교통사고가 엄청 많이 난다고 했다. 늘어나는 암 환자, 마을을 뺑 둘러싼 송전탑의 송전 소음, 도로 소음과 교통사고, 핵발전소 바로 옆에 있다는 위험까지, 도저히 사람이 살 수 없는 곳이어서 이주를 요구하며 대책위를 꾸렸다고 했다.

그 사이에 우리는 우리대로 공사를 막아내느라 정신이 없다가, 작년 연말에 신화리가 합의했다는 뉴스를 들었다. 그때 언론 지면을 장식했던 기사는 대략 이런 식이었다. "울진 신화리는 밀양보다 훨씬 피해가 심각함에도 국민대통합위원회가 진정성 있게 주민들의 요구를 중재했고, 애초 요구한 이주가 불가능하다는 것을 판단한 주민들이 대승적으로 결정해서 이주 대신 도로 이설과 지역 소득 개선 등 현실적인 안에 합의해 주었다"는 내용이었다. 그러나 밀양 주민들은 기사를 그대로 믿지 않았다. 군산 새만금 345kV 송전탑 분쟁도 그랬고, 울진 신화리도 그렇고, 외부적으로는 뭔가 훌륭한 대타협이 나온 것처럼 기사가 나오지만, 실상 그 내용을 알아보면 오래된 협상 과정과 '밀고 당기기' 속에서 "이거라도 받지 않으면 안 되는" 어쩔 수 없는 선택에 내몰린 주민들이 울며 겨자 먹기로 협상안을 받아들인 경우가 많았기 때문이다.

마을에 들어서니 입이 딱 벌어진다. 수많은 곳을 다녀봤지만, 이런 경우는 처음이다. 철탑들이 마을을 둥글게 뺑 둘러싸고 있다. 마을 중앙을 관통하는 도로는 2차선인데 차들이 쉴 새 없이 다닌다. 모두들 "너무 심하다. 여기서 우째 사람이 살란 말이냐"면서 탄성들을 내지른다.

마을회관에서 장헌달 생계대책위원장님과 주민 장덕준 님을 만났다. 밀양에도 다녀가신 분들이다. 합의까지 한 상태에서 여러모로 부담스러운 자리일 텐데도 우리를 반갑게 맞아주셨다.

"정말 심각하네요. 참말로 고생이 많으십니다." 인사를 하는데 나도 모르게 그 이야기부터 나왔다. 원래는 농사만 지었던 동네라고 한다. 울진군 북면이 28개 마을인데, 이제는 그 중에서 가장 못사는 마을이라고 한다. 핵발전소와 송전탑 때문에 "농촌으로서의 기능이 상실된 마을이 되었다"고 한다. 핵발전소 들어온 지 35년이 되었는데, 마을은 점점 절망적으로 바뀌어갔고, 그래서 투쟁을 하게 되었고, 해 보니깐 달걀로 바위 치기고, 그래서 결국 국민대통합위에 조정을 붙여서 5개월 동안 협상해서 합의를 봤다고 한다. 협상 과정에서도, 끝난 뒤에도, 자신들을 "홍보에 써 먹으려 한 게 아닌가 하는 의심이 들었다"고 한다. 협상 끝나고 서울 가서 사진 찍고 기자회견 해서 발표하자고도 했다 한다.

어쨌든 주민들이 전해 주는 협상 결과는 매우 좋았다. 우선 신울진 3·4호기 공사를 시작하기 전에 마을 앞을 관통하는 도로를 이설하기로 약속받았다. 주민종합검진과 소음 측정도 하기로 했다. 울진군과 한수원, 한전이 집을 고쳐주고, 주민소득 올리는 일에 돈을 대기로 했다. 그리고 정부와 국민대통합위가 용역조사를 하고, 법을 바꿔서 이주시켜 주기로 약속을 했단다. 내용만 들어보면 매우 잘 된 협상이다.

그런데 언론에는 핵심인 '이주' 얘기가 전혀 안 나왔다. 인터넷으로 찾아보니 대통합위가 낸 보도자료에도 '이주' 이야기는 단어조차 나오

지 않는다. 어떻게 된 것일까? 올해 3월부터 이주를 위한 용역조사를 하기로 했다는데 아직 연락도 없단다. 우리가 오랫동안 지켜본 '배반당한 약속'이 아닐까. 우리는 그렇게 느껴진다.

지금 마을은 2015년에 한전과 한수원이 마을 소득지원사업으로 주기로 한 25억 원 때문에 의견이 엇갈려서 어려움을 겪고 있는 모양이다. 이웃한 바닷가 마을에 상가나 원룸을 지어서 임대소득을 얻자는 사람, 모텔 사업이 월소득이 가장 많이 나오니 그걸 하자는 사람도 있다고 한다. 한수원과 한전에 문의를 하니 외지에 투자해도 괜찮다고 해서, 차라리 포항 시외버스터미널에 허름한 7층 건물이 39억에 나왔는데, 25억에다 14억은 담보대출을 받아서 하자는 사람도 있다고 한다. 돈 때문에 마을 주민들 의견이 엇갈려서 서로 다투는 것은 밀양에서 이골이 나도록 봐서, 우리 송전탑 반대 주민들은 "아예 돈 이야기는 꺼내지도 말자"는 암묵적인 합의가 있다. 그런데 신화리는 울며 겨자 먹기로 한 합의 이후에 결국 '이놈의 돈 때문에' 적지 않은 내홍을 겪고 있는 것 같다.

우리 주민들이야, 당장이라도 철탑을 부셔서 무너뜨리고 싶은 심정이죠. 우리가 철탑에 대해서 몰라가지고, 저런 괴물이 처음 설치될 때 방관을 했어요. 언제 설치를 저렇게 높게 했는지도 몰랐어요. 자고 일어나 보니 괴물이 들어섰어요.

이제 와서야 겨우 협상이 되어서 합의를 했는데, 지금 25억 원 이야기하지만, 우리 목숨 값이 25억밖에 안 되나 이런 생각도 들고. 돈 말고 오직 이주시켜 달라 주장하는 사람도 있고……. 저 사람들 약속 안 지키면 어떡하나 걱정되고, 마음이 복잡합니다.

　35년간 겪은 피해를 어떻게 말로 다할 수 있겠나. 지가 하락을 물으니 "땅 살 사람이 없기 때문에 땅값이 없다"는 답이 돌아온다. 암 환자도 많단다. 오늘도 후두암으로 한 분 돌아가셨다고 한다. 철탑 밑에서 농사를 짓는 분들은 거의 다 암으로 돌아가셨고 한다. 갑상샘암 환자만 6명이란다. 오늘 우리가 들고 온 전자파 측정기로 마을회관 입구에서 아무렇게나 재도 당장 4밀리가우스가 나온다.

　아, 이건 몸으로 부딪쳐서 싸워야 하는 일인데, 물리적인 투쟁은 없었다고 한다. 주민들 나이대가 너무 높았고, 처음에 핵발전소와 송전탑 만들 당시에 이미 주민들이 합의를 해주었기에 이걸 뒤집는 건 '약속 파기'에 해당하니, 시골 사람들 마음으로는 그게 그렇게 어려웠다고 한다. 충분히 이해할 수 있다. 우리 마을도 처음엔 그랬으니깐. 다 이해할 수 있는 일이다. 이분들이 무슨 잘못이 있겠나.

　마을을 한 바퀴 돌고, 사진들을 찍었다. 마을 바로 뒤편에 6기의 핵발전소가 돌아가고, 앞으로 4기가 더 들어선다. 10기의 핵발전소. 거기서 나온 각종 철탑으로 삥 둘러싸인 채 마을 앞뒤로 도로가 나서 차량이 밤낮으로 쌩쌩 달리고. 거기에 순한 짐승처럼 갇혀 살아가는 노인들의 마을. 아, 정말 이래도 되는 것일까, 어떻게 이럴 수가 있나.

　전국송전탑반대네트워크가 나서서 강력하게 문제제기를 하고, 애초에 협상보다는 이주를 강력하게 밀어붙이면서 신화리의 실상을 전국적으로 알렸다면 상황은 많이 달라졌을 것이다. 누가 와서 봐도, 이곳은 언제 설치를 저렇게 높게 했는지도 몰랐어요.
자고 일어나 보니 괴물이 들어섰어요.

이주를 시켜주어야 하는 곳이다. 저들은 주민들을 어르고, 돈을 안겨주고, 이주는 장기적인 과제로 돌리자고 하면서, 주민들이 기운이 빠져버릴 시점까지 기다리고 있을지도 모르겠다. 사람이 다 사라져 마을이 자연 소멸하는 시점. 일본 정부가 위안부 할머니들이 다 돌아가시도록 입을 꾹 닫고 기다리기만 하듯이, 저들도 시간은 자신의 편이라고 생각하며 마냥 기다릴 것만 같다. 국가는 대체 무엇 하는 존재인가? 국가가 국민에게 이렇게 해도 되는 것일까. 밀양 싸움 내내 곱씹어야 했던 질문을 이곳 신화리에서 다시 던지게 된다.

알려지지 않은 마을, 삼척 옥원리로 향하다

안타까움을 안고서 우리는 삼척시 원덕읍 옥원 1리로 향했다. 이장 김도형 님은 한눈에 보기에도 젊고 의욕적이다. 고향 마을로 귀농해서 농사만 지으려고 했는데, 철탑 때문에 떠밀리듯 이장을 맡았다고 한다. 오늘 점심 무렵 시작된 삼척 일정부터 마을 주민 한 명과 차를 타고 계속 함께 했다. 우리에게 옥원리에 꼭 함께 가달라고 신신당부를 했다. 이미 다른 마을은 다 합의했고, 옥원 1리는 피해가 심각한데도 한전이 안팎으로 주민들을 회유하고 겁박해서, 도무지 어떻게 싸워야 할지 모를 상황이었단다. 그런데 밀양에서 주민들이 오신다니 꼭 모셔서 이야기를 듣고 싶어서 이렇게 왔다고 한다. 이장님의 이런 살뜰한 요청을 거절할 수 없어서 오늘 일정을 마친 저녁 시간에 옥원리로 이동하게 되었다.

마을회관을 중심으로 널찍한 농토가 펼쳐진 조용한 마을이다. 그런데 맞은편에는 새로 지은 남부발전 소속 화력발전소가 있고, 거기로 들어오고 나오는 철탑이 마을을 역시 뺑 둘러싸고 있다. 울진핵발전소에서 동해변전소로 가는 345kV 송전탑이 지나가고, 그 옆으로 다시 남부화력발전소로 들어가는 기동전력을 보내주는 154kV 송전탑이 서 있다.

대책위의 태철이와 우창이가 회관 뒤편 철탑으로 전자파 측정기를 들고 갔다가 깜짝 놀라서 뛰어온다. 논 위를 지나가는 철탑 아래서 측정기를 댔더니 60밀리가우스가 넘어버리더란다. 지금까지 전국을 다녔지만 최고가 20밀리가우스 정도였는데 이건 말도 안 되는 수치란다. 바로 그 아래 비닐하우스도 있고 논도 있다. 이헌석 대표도 자기가 전국을 다녀봤는데 최고 수치라고 혀를 내두른다.

마을회관 안으로 들어가니, 주민들이 모여 있다. 우리도 저런 시절이 있었다. 용회마을에서 한전과 투쟁을 처음 시작할 때 부북면과 상동면에서 열심히 싸우던 주민들과 대책위 신부님들을 우리 집에 모셔 놓고 설명회라는 이름으로 이야기를 듣고 많이 배웠다. 그때 반신반의하던 주민들이 잔뜩 의기소침한 얼굴로 이들을 맞았다. 잘 될까, 불이익을 당하지는 않을까, 싸워서 못 이기면 어떡하나, 온갖 걱정으로 주민들이 최악 가라앉아 있던 시절이 있었다. 함께 한 에너지정의행동의 이헌석 대표가 이 마을의 철탑 상황에 대해 설명을 한다.

울진에서 동해변전소로 지나가는 345kV 선로가 있고, 남부발전으로 기동전력을 인입하는 154kV 선로가 신규 건설 중인데, 문제는 이것으로 끝나

는 게 아니라는 점이 중요합니다. 154kV든 345kV든 승압할 수가 있거든요. 6차 전력수급계획에 따라 여기는 화력발전소 열병합 두 기만 하게 되어 있습니다. 그런데 어디든 신규 발전소가 들어오면 두 기로 그치는 곳은 없거든요. 앞으로도 3·4호기, 5·6호기도 지을 계획이 있을 겁니다. 추가로 송전탑이 또 들어설 수밖에 없어요.

충남 당진만 봐도 그렇습니다. 거기도 처음에는 석탄화력발전소 두 기로 시작했기 때문에 송전선이 단순했어요. 그런데 지금은 10기까지 갔습니다. 그러니까 이제는 765kV, 345kV 선로뿐 아니라 사고 났을 때 비상 송전을 할 수 있는 예비송전선까지 필요해진 거예요. 실제로 당진화력 9·10호기는 이 예비송전선이 없어서 아직도 발전을 못 하고 있어요.

옥원리 와 보니, 저도 몹시 착잡합니다. 바로 옆에 LNG 가스 인수기지가 있고, 아마도 가스발전소도 하려 할 것이고, 남부화력발전만 아니라 근처에 민자 발전소 계획이 있다는 것을 놓고 봤을 때 앞으로 송전탑을 더 많이 지을 것이 분명해 보입니다.

주민들 분위기가 더욱 무거워진다. 이곳저곳에서 "그러면 그렇지" 하는 소리도 나온다. 한전이 지금 154kV 송전선을 하면서 마을기금 3억 2천만 원을 준다고 하고, 개별접촉도 하면서 공을 들이는 게 아무래도 의심쩍었던 것이다. 한전은 다른 마을들과는 거의 합의를 본 모양이다. 그래서 옥원리 주민들이 느끼는 고립감도 크다. "옥원리가 원덕읍에서 미운 오리새끼가 되었다"고도 한다. 삼척 핵폐기장 이야기가 나올 때도 이곳이었는데, 그때는 마을간 연대가 잘 됐는데, 지금 철탑은 그렇지 않

다고 한다. 이장님과 부녀회장님, 젊은 마을 지도자가 열심히 하고 있는
데, 한전은 턱도 없는 소리로 부녀회장님을 겁박한 모양이다. 부녀회장
님 말씀이 이렇다.

얼마 전 한전 과장이 154kV 네 기를 4월부터 공사하겠다고 이야기하더라
구요. 공사 진입로를 마을길로 하겠다고 해요. 우리가 마을길 막으면 헬기로
라도 하겠다고 해요. 그 소음을 어떻게 견디느냐고 하니깐, 버스 빌려줄 테니
이틀 동안 관광 다녀오라고 그랬다네요. 우습죠. 사람을 바보로 보는 것도
아니고. 우리가 이번에는 어떻게든 막을 거라고 하니, 이 한전 직원 왈 "밀양
은 주민에게 4천만 원 벌금 때려서 재산 가압류했다. 당신 자식들도 취업할
수 없다"고 겁을 주는 거예요. "부녀회장 당신과 이장님은 표적으로 찍혀 있
다"는 소리도 하고.

이 이야기를 듣고서 밀양 주민들이 말문이 터졌다. "걱정하지 마라,
한전 놈들 하는 말은 숨 쉬는 것 빼고는 다 거짓말이다." 실제로 그랬다.
한전은 밀양 주민들에게 10억 손배소와 하루 100만 원씩의 이행강제금
을 붙인 공사방해금지가처분을 세 번이나 때렸고, 그 외에도 크고 작은
민·형사 소송을 엄청 제기했지만, 실제로 민사소송을 통해서 빼앗아간
돈은 10원도 없었다.

내가 청도 삼평리 할머니들 이야기를 해 주었다. 345kV 철탑 하나를
놓고 4년을 싸운 분들이다. 밀양과 똑같이 공권력이 투입되어 철탑이
서고 말았지만, 그분들은 졌다고 생각하지 않고 뽑을 때까지 투쟁하겠

다며 버티고 있다. 그리고 북유럽국가들은 전자파의 장기노출에 관해
서는 지금 한계치를 2밀리가우스로 이야기하는데, 여기는 60밀리가우
스가 나온다. 이게 말이 되는가 라고.

그러나 주민들은 아직 투쟁 경험이 없어서 그런지, 걱정들이 많은 눈
치다. 손배소 걸겠다는, 표적으로 지목 당했으니 조심하라는 협박, 다들
걱정이 될 것이다. 밀양에서는 처음에 싸움을 어떻게 시작했는지 묻는
다. 나는 '땅에 대한 애착'을 먼저 이야기했다. 별로 말을 하지 않던 아
내가 나섰다.

마을 하나가 거대한 저 한전하고 어떻게 싸우겠노. 걱정이 많을 것 같아
예. 밀양에서 주민들이 몸에 쇠사슬 걸고 끝까지 싸웠거든예. 첨부터 그렇게
하려고 한 게 아닌데, 한전의 거짓말, 나쁜 짓이 사람을 화나게 하거든예. 하
다 보면 결심이 생겨요. 죽어도 해야 되겠다. 사실 오늘 여기 와 보니 밀양이
입고 있는 피해는 근처도 못 따라오겠습디다. 여기 피해는 너무 심합니다. 어
정쩡 시작하면 안 될 것 같아예. 작심하고 시작해야 할 것 같아예. 인원 수가
작다고 기죽지 말고, 한 사람 한 사람의 결심이 되게 중요할 것 같아예. 50세
대가 작지 않아예. 우리 용회마을은 30세대였거든예.

그리고 이 피해에 대해 자세하게 알아야 됩니다. 주민들을 모아 놓고 항상
얘기하는 자리가 있어야 되예. 그래야 송전탑 투쟁이 오래갑니다. 재산적인
것, 건강적인 것, 자손에게 미치는 것을 함께 공부해야 합니다. 그리고 늘 같
이 밥을 드세요. 같이 밥 먹는 밥심이 제일 큰 힘입니다. 야마 지금보다 더 불
어날 겁니다. 우리가 10년 싸우자고 싸운 게 아니고, 그때그때 해나가면 되

싸우다 보면 용기가 나가예, 다, 합니더.

예. 열심히 싸우다 보면예, 한 사람 오고, 두 사람 오고, 우군이 생깁니다.

나도 덧붙였다. 의논이 좀 안 맞더라도 단결이 중요하다. 좀 삐딱하다고 "동네 팔아 묵은 놈"이라고 욕하지 말고, 설득해서 안고 가야 한다고. 오늘 내내 아무 말씀도 안 하시던 김필기 할매도 장하게 한말씀 하신다. 자신이 싸우던 이야기다.

나는 천지도 모르고 올라갔는데 경찰이 다 둘러 섰는 기라. 못 올라가게 막고, 밀려 밀려나다가 한전 놈들 복판에 가서 고마 쓰러지뻤었어예, 내도 정신이 없고, 사람이 쓰러지이 저놈들도 겁을 내지. 주민들이 물을 떠서 멕이고, 119를 불러가꼬 병원에 실려가가지고 있으이, 또 싸우가꼬 할머이 두 분이 더 왔는 기라. 그래도 다시 돌아가서는 그래 싸웠어예.

경찰만 안 붙으믄, 우리는 한전하고만 붙으며는 아직도 이길 자신이 있어예. 경찰이 밀어붙이니 다섯 명, 여섯 명 밀고 가서 구불어뿌고. 그때 여자들은 여직원 일고여덟이 붙었는데 나는 죽겠다고 대들었어예. 다리 하나씩 몸뚱이 하나씩 들고 나가고, 말도 몬해예. 죽자고 안 싸우면 경찰이 살살 와가꼬 "할매예, 음료수 드리끼예" 꼬아요. 그카면 나는 "경찰 너거 주는 거는 절대로 안 묵는다!" 그렇게 우리가 반대했어예. 싸우다 보면 용기가 나가예, 다, 합니더.

옥희 씨도 말을 이어붙인다.

첨에는 경찰만 봐도 벌벌 떨고 그랬어예. 그런데 내 집에 강도가 들었다고 생각해 보이소. 내비 두겠습니꺼. 우리도 움막 쳐 놓고 묵고 자면서 고생 무척 많이 했어예. 맨 길도 못 다니는 노인들이 산길 지팡이 짚고 도시락 싸가 올라 댕기고, 고생 고생 그런 고생 말로 다 못 하는데……. 제가 부탁하고 싶은 말은, 할머니들이 나서야 합니더. 할매들은 절대로 함부로 못 합니더. 그렇게 해야 알려지지, 두려워하지 말고 용기 내가지고 한번 해 보이소.

아내도 덧붙인다. "싸우다 보면 힘든 일만 있는 게 아니고, 단합이 되고 재밌는 일도 많다"고. "즐기면서 싸우고, 울고 싸우고, 돌아서서 웃고. 그러다 보면 끈끈한 정도 생긴다"고.

김도형 이장님이 이야기한다. 이장님이 우리들의 이야기로 기운을 많이 받은 모양이다.

우리의 순수한 용기가 필요합니다. 용기 앞에 그 어떤 법이나 총칼을 들이대도 무용지물이라고 생각합니다. 단순하게 생각하면 됩니다. 애초에 막는 것밖에 길이 없었습니다. 막읍시다.

간담회는 이렇게 끝났다. 아주 흔쾌하고 좋은 자리였다. 우리가 이렇게 와서, 두려워하고 번민하는 주민들에게 기운을 불어넣을 수 있다니, 얼마나 좋은 일인가. 우리가 더 도와야겠다고 생각했다. 거리만 가깝다면 자주 오고 싶은 마을이었다.

원덕읍내로 나가서 감자탕으로 저녁식사를 했다. 옥원리에 밀양대책위 이름으로 10만 원을 후원했다. 저녁을 먹고 다시 마을로 돌아와 형광등을 켜는 실험을 해 보았다. 밀양 싸움이 한창이던 시절, 『오마이뉴스』에서 충남 당진에 있는 765kV 송전선 아래에서 처음 시도하여 전국적인 화제가 된 '폐형광등 실험'이다. 철탑 아래는 얼마나 전류가 많이 흐르기에 폐형광등에 불이 들어올까. 이 실험은 나중에 다른 방송사에서 345kV 송전선 아래에서도 성공하여 또 한 번 화제를 모았다. 그만큼 송전선이 위험하다는 것을 알리는 계기가 되었는데, 우리도 이번 기회에 한번 해보았다. 그리고, 너무 쉽게 불이 들어와 버린 것이다. 나도 형광등을 두 개 들었는데 60밀리가우스가 흐르는 철탑 아래 서 있으니 수시로 몸에 지릿지릿한 옅은 촉감이 전해져왔다. 이 아래에서 비닐하우스와 논농사를 하시는 분은 어떻게 해야 하나. 문제가 심각했다.

숙소에서 젊은 활동가들과 맥주를 마시며 많은 이야기를 나누었다. 신화리, 옥원리, 이런 곳이 전국에 얼마나 많을까 생각했다. 뒤늦은 자각에 내 나이가 한스러웠다. 그리고 얼마 되지 않는 우리의 힘을 생각하며 마음이 저렸다.

핵발전소의 볼모가 된 울진에서 반핵 군의원을 만나다

아침에 일어나 숙소인 휴양림을 한 바퀴 돌았다. 쭉쭉 뻗은 금강송들 속에 드문드문 핀 진달래가 좋았다. 어제 저녁 때 먹고 남은 감자탕 뼈를 다시 끓여서 그 국물에 라면을 삶아 먹었다.

이제 다시 울진으로 향한다. 장시원 군의원을 만나기 위해서다. 울진의 지역경제는 핵발전소와 떼려야 뗄 수 없는 지경에 왔다. "한수원이 울진을 먹여 살린다"는 말은 울진 사람들로서는 기분이 좋지 않겠지만, 부인하기 어려운 사실이기도 하다. 그런 울진에서 반핵의 기치를 내걸고 군의원으로 활동하는 장시원 의원은 여러모로 특별한 분이다. 군의회 4층 소회의실에서 장 의원을 만났다.

대학을 마치고 고향으로 돌아와 여행사를 운영했다고 한다. 그리고 울진의 시민단체에서 핵발전소 싸움을 하다가 2005년에 중저준위 핵폐기장 주민투표 때 열심히 일했다고 한다. 밖에서 아무리 해도 결정은 군의원과 군수가 하는 것을 보고, 2006년에 무작정 군의원 선거에 출마했다가 낙선하고, 2010년에 울진군 전체에서 최다 득표하면서 당선됐고, 2014년에도 최다 득표해서 재선 의원이 되었단다. 새누리당 일색에 고령화된 울진의 이미지와는 확연히 다른 젊은 군의원은 자신감이 넘쳤다.

울진 1호기는 1988년 9월에 상업운전을 했는데, 장 의원이 초등학생이던 시절, 전두환 대통령이 학교에 와서 발전소 기공식을 했던 기억이 난다고 했다. 공해 없는 깨끗한 공장이 온다고 지역에서 굉장히 환영하는 분위기였다고 한다. 핵발전소 부지였던 덕천리는 정말 아름다운 어촌이었는데, 국책사업에 당연히 땅을 내주어야 한다고 생각해서 순순히 협조했다고 한다. 그런데 1986년에 체르노빌 사건 생기면서 위험한 거라는 인식을 처음 하게 되었고, 후쿠시마 이후에는 핵발전소의 위험에 대해서는 대체로 동의하는 분위기가 되었다고 한다.

1999년에 이제 기존의 6기에서 신울진핵발전소 4기를 지정하게 되었는데, 애초에 삼포리가 지정이 되었다가 반대를 하니 정부와 한수원은 삼포리는 해제해 주고, "덕천리 바로 옆에다 부지를 내준다면 울진에는 더 이상 건설하지 않겠다. 다리를 놔 주고, 학교, 병원 등 14개 지역 사업을 이행하고 난 뒤에 신울진 1~4호기를 짓겠다"고 장관이 서명한 공문으로 약속을 했는데, 약속을 지키지 않고 지금까지 왔다는 것이다.

핵발전소 들어온 이후에 울진은 얼마나 나아졌을까. 오지로 꼽히는 울진 지역 여성들의 선호 남성 1위가 예전에는 ROTC 출신 장교였는데, 지금은 한수원 직원으로 바뀌었다고, 실제로 한수원 직원들과 결혼을 많이 한다고 한다. 발전소 인력 때문에 인구 유입이 된 건 사실이고, 매년 발전소에서 수백억 원의 지원금이 들어오지만, 복지의 큰 틀은 변한 게 별로 없다는 것이다. 지역 주민들의 목숨을 담보로 받는 돈인데, 그걸로 안전장비도 구입해야 한다. 예전에는 한수원이 직접 나눠주다가 지자체에 돈 주고 떠넘기고 난 뒤, 울진군은 그 돈으로 안전장비나 대피소가 아니라 지역 주민들 민원 해결하는 일, 건물 짓고 길 내는 데 쓴단다. 예전에는 지역 주민 중에서 고등학교 졸업하고 수도공고에서 6개월 교육받고 한수원 정직원으로 들어갔지만, 지금은 공채만 가능하니 지역민 자녀는 겨우 비정규직 계약직으로 들어간다고. 이웃 삼척에서 신규 핵발전소 반대운동 하면서 "울진 가 봐라, 30년 넘게 핵발전소와 같이 살았지만 좋아지기는커녕 더 침체되지 않느냐"고 하는 이야기에는 이런 근거가 있는 것이다.

그래도 의문은 남는다. 매년 3백억 원이 들어온다고 하면 4인 가정에

현금으로 줘도 매년 가구당 240만 원을 나눠줄 수 있는 큰돈인데, 개별로 나눠줄 수는 없지만 복지에 큰 변화가 없다고 할 수 있나? 무상급식, 무상요양, 무상산후조리 등 많은 걸 할 수 있을 것 같은데……. 장의원의 설명은 한수원에서 지역지원금이 그 정도로 들어오면 "울진 너네는 돈 많이 받지 않냐"는 논리로 도비나 국비 지원 우선순위에서 밀린다는 것이다. 송이, 대게 정도의 특산품이 있지만, 발전소 없는 이웃 청정지역에서 사과, 복숭아, 포도, 이런 특산품 개발해서 파는 것이 발전소로 받는 돈보다 훨씬 많을 거라고 한다. 어차피 발전소에서 나오는 돈은 개별 주민에게 나눠줄 수 없고 공공사업으로 전체를 위해서 써야 하다 보니 직접 혜택이 돌아가는 것도 아니고, 먼저 줍고 먼저 쓰는 사람이 임자인 돈이다 보니 지역별로 마을별로 지출 우선순위 안에 들기 위해 또 지역 간 갈등이 생겨나는 것이다.

고리 핵발전소 인근에 살던 이진섭 씨 가족이 이른바 '균도 소송'에서 승소하면서 전국의 핵발전소 주변의 갑상샘암 환자들이 한수원을 상대로 소송을 하게 되었다. 울진 지역도 발전소 인근 지역의 갑상샘암 환자 124명이 원고로 등록했다. 인구 10만 명에 60명이 발병한다는 갑상샘암이 울진에서만도 이렇게 높은 비율이다. 핵발전소 쪽에 생계가 걸려 있어서 소송에 참여하지 못하는 사람까지 하면 비율은 훨씬 더 높아지는 것이다.

거기다 이런 문제가 있다. 핵발전소가 들어오면 반드시 생기는 온배수 피해, 농업 피해, 어업 피해가 있다. 이곳 해조류나 농산물에서 기준치 미만이라고는 해도 방사능이 조금씩 검출이 되지만 알릴 수 없는 게, 이 이야기를 외부에 알리는 순간 주민들의 생업이 완전히 끊어져버리는 것이다.

이 국장이 울진을 두고 '핵발전소의 볼모'가 되어버린 것 같다고 푸념하듯 말했다. 장 의원은 "울진 사람은 핵발전소와 함께 살게 된 것을 '숙명'으로 받아들이고 있다"고 답했다. 마음이 답답했다.

자포자기하는 마음들이에요. 울진도 극렬하게 반대 운동하던 시절이 있었어요. 셔터 내리고 거리에서 타이어에 불 붙여서 싸우기도 했어요. 금전적인 이해관계가 없었을 때는 혼연일체가 되었는데, 일단 발전소가 가동되기 시작하면 지역에서도 이해관계가 생겨요. 그러다 보니 이제는 이미 6개 들어와 있는데 4개 더 들어오면 어떻노, 자포자기하게 되는 거예요. 만약에 지금 울진이 하나도 없는 상태에서 신규로 들어오려 한다면 울진도 삼척만큼 할 겁니다.

정부가 너무 잘못했습니다. 돈으로 해결하려고 했죠. 노무현 정부 때도 핵폐기장 들여올 때, 울진·삼척·영덕·경주, 3천억 딱 걸어놓고 찬성률 높으면 주겠다, 돈으로 경쟁을 시킨 겁니다. 그러면, 사용후핵연료 고준위 핵폐기장도 지으면 1조 플러스 알파를 줄 건가요?

이제 울진 사람들의 마음은 한수원 직원이라도 믿고 싶은 것이다. 이 사람들이 안전하게 가동시켜줘야 우리 생명을 유지할 수 있다는 것. 장 의원 자신도 핵발전소와 한수원과 동거하면서 그 속에서 반핵운동을 해야 하는 처지인 것이다. 결국 울진 자체의 힘으로 어려우니 정권이, 국민들이 나서는 분위기를 기대하는 것 같다. 장 의원이 솔직하게 이렇게 이야기한다.

이미 거대해진 핵에너지 사업을 지역에서 군민들이 바꾸기는 힘들어요. 부산처럼 시장이 나서고, 인구가 많은 곳에서 나서면 고리 1호기 폐쇄 운동이 되는데, 인구가 5만밖에 안 되고 목소리가 작은 우리 이야기에는 정부든 어디든 귀를 기울이지 않아요. 하지만 지역에서 목소리를 안 내면 전국에서 힘을 모아주기도 어렵죠……. 이게 어려워요. 그저 최선을 다해야 한다는 생각밖에 없습니다.

2012년엔가, 밀양 주민들이 버스 두 대로 울주군 서생면까지 가서 신고리 5·6호기 환경영향평가 공청회장을 들어가려고 싸운 적이 있었다. 환경영향평가 공청회는 누구나 들어갈 수 있는 자리인데, 서생면 청년회 조끼를 입은 사람들이 "밀양 사람들은 들어갈 수 없다"며 막아서는 바람에 대판 싸움이 나고 아수라장이 되었다. 한수원이나 경찰은 그런 불법적인 폭력을 수수방관했다. 그때 서생면의 젊은 사람들이 했던 말, "우리는 이미 버린 몸이다. 더 들어오면 어떠냐"는 말에 충격을 받은 기억이 있다.

해봤자 안 된다는 생각, 한수원에 의해서 강요된 체념이었지만, 그 체념이 한 곳에 10기나 되는 핵발전소를 들어오게 했다. 체념 속에서 우리는 어떤 희망을 가질 수 있을까. 장 의원은 '불씨'라도 갖고 가려 한다

이미 6개 들어와 있는데 4개 더 들어오면 어떻노,
자포자기하게 되는 거예요.

고 했다.

울진이 침체되어 있다는 것을 인정합니다. 그렇지만, 우리에게도 불씨는 있습니다. 우리끼리 하는 얘기는, 힘은 들더라도 불씨는 유지하자, 그러면 무슨 일이 생겼을 때 불이 타오를 계기가 된다는 겁니다. 밀양에서 고리에서 월성에서 싸우는 걸 보고 있는데, 그런 모습이 우리 지역에도 환기가 되어 각성하는 계기가 됩니다.

군의회 소회의실에서 두 시간 동안 진행된 간담회는 이렇게 끝났다. 장 의원이 점심 식사를 대접하겠다고 해서 바깥으로 나오니, 군청 건물 정면 한복판에 한수원에서 설치해 준 거대한 전광판이 있다. 건물 중앙 부분을 거의 덮을 정도로 커서 뭔가 균형감도 맞지 않다. 거기에는 현재 울진 지역의 방사능 농도가 실시간으로 나오고, 아무 이상 없다, 안심하시라는 멘트가 나온다. 정말 울진은 핵발전소의 '볼모'로구나 싶었다.

장 의원 같은 사람은 맘고생이 정말 많을 것 같았다. 장시원 의원과 울진 지역의 탈핵 활동가들을 응원하고 싶은 마음이 생겼다. 그 '불씨'를 제발 꺼트리지 않고 이어나가기를 간절히 바란다.

'독박'을 쓸 수는 없다 / 핵발전소 후보지 영덕

영덕 대게로 알려져 있는 곳, 삼척·울진과 함께 툭하면 핵폐기장, 신

242

규 핵발전소 후보지로 거론되고, 몇 번을 막아냈지만, 이번에는 주민투표로 핵발전소를 물리친 삼척과 달리 몹시 힘겨운 싸움을 하고 있는 영덕으로 갔다.

2012년 가을인가, 3차 탈핵희망버스를 삼척과 영덕에서 하게 되었다. 영덕 영해시장을 돌면서 탈핵에 대해 홍보를 하는데, 물건 파시는 할머니들이 "원전이라도 들어와야 영덕에 돈이 들어오는데, 왜 이 난리고" 해서, 성질을 이기지 못한 밀양 할매들과 대판 싸운 적이 있다. 그런 분위기 속에서 반대 진영의 몇몇 주민과 활동가들이 악전고투하고 있다는 소식을 들었다. 그리고 삼척의 주민투표 결과에 고무되기도 했겠지만, 이제 영덕에서도 서서히 반대 운동이 불붙고 있다는 이야기도 들려왔다. 한국농업경영인회 영덕지부 사무실을 같이 쓰고 있는 '영덕 핵발전소 건설 백지화를 위한 범군민연대' 사무실에 들렀다.

밀양에도 여러 차례 다녀간 박혜령 대외협력위원장과 주민들을 뵈었다. 박혜령 위원장은 남편과 함께 영덕으로 귀농했다가 핵발전소 유치 신청 이후부터 탈핵운동가가 되어 있다. 박 위원장과 함께 한눈에 보기에도 선량한 농부의 얼굴인 한농연 수석부회장 이복이 님과 많은 이야기를 나누었다. 30년 넘는 영덕 반핵투쟁의 산 증인이었다.

지난 3월 2일, 영덕 지역의 10여 개 단체가 합쳐서 기존의 '신규 핵발전소 유치 백지화 투쟁위원회'에서 '핵발전소 건설 백지화를 위한 범군민연대'로 개편을 하고 출범식을 했단다. 이복이 님께 영덕의 반핵운동의 역사를 들었다.

1989년 핵폐기장부터 시작해서 영덕의 반핵투쟁이 시작되었습니다. 한 면에서만 3천 명 이상 주민들이 나올 정도로 치열했죠. 초겨울이었는데, 남정면민이 7번 국도 다리 위에 누웠어요. 경찰들이 와서 사람들을 끄집어내도 안 되니깐, 물을 뿌리더라구요. 꽁꽁 얼었죠. 불을 지펴서 입고 있던 잠바를 태워가면서 버텼어요.

그러고 다시 2003년에 부안으로 넘어가기 전에 핵폐기장 문제가 영덕에 먼저 들어왔어요. 1989년에 잡혀가고 하도 고생들을 해서 다른 단체들은 개입을 안 하려고 했는데, 우리 한농연하고 영근회(고향을 지키는 영덕 토박이 주민들이 결성한 사회단체)가 낮에는 일하고 밤에 마을마다 다니면서 '각개전투'해서 겨우 막아내긴 했습니다.

2005년에 부안에서 주민투표로 핵폐기장이 백지화되니까 이제 정부에서 주민투표 찬성이 높으면 3천억 원 얹어서 주는 걸로 나와서, 다시 영덕에 핵폐기장 문제가 불거졌습니다. 군수 중심으로 찬성 운동을 했고, 경주와 경쟁을 했어요. 두 군데 중에 한 군데는 되는 분위기였거든요. 면 단위 이장, 반장들까지 다 동원시키면서 광범위한 불법을 저질렀어요. 우리는 군청 마당에 천막 치고 배곯아가면서 운동을 했죠. 찬성파들은 식당에서 밥 먹고, 우리는 돈 없으니 김치 한 포기씩 들고 와서 저녁에 모여 밥 먹고, 유인물 뿌리고 다녔어요. 낮에는 일하면서 당번제로 가두방송 다니는데, 찬성파의 규모와 비교가 안 되었어요. 졌다고 생각했는데, 다행히 결과가 좋았죠. 경주가 89.5 퍼센트, 영덕이 86퍼센트. 아슬아슬하게 경주로 가게 된 거죠. 영덕군이 주민투표 끝나고 22억 원 썼다고 정부에 이 돈을 보전시켜달라고 했어요. 김병

목 군수가 어느 건설업자에게 10억 빌려서 쓴 건데, 정부에서 22억 중에 2억만 돌려주니까 결국 돈을 못 갚게 되었죠. 그래서 업자가 소송을 건 일도 있어요. 여하튼 관에서 돈을 엄청 썼고, 그때 주민투표는 정말 꼴이 말이 아니었어요.

나중에 투표 명부를 확인해보니깐, 내 6촌동생이 중국에 유학 가 있는데 그 아이가 와서 투표를 한 걸로 되어 있고, 우리 큰어머님이 중풍으로 13년간 누워 있었는데 그 어른도 투표한 걸로 되어 있고. 뚜껑 닫을 때는 걱정이 된 게, "야, 이거 장난을 쳐도 너무 많이 쳤는데" 하는 느낌이 들었어요. 그래도 개표해보니 15퍼센트나 반대를 한 것은 정말 대단한 거라고 생각해요.

또, 투표용지에는 찬성과 반대가 있는데, 투표소에 나와 있는 직원들이 할머니들한테 '찬성' 글씨만 보이도록 종이를 접어서 주는 거라. 찬성 찍으라는 얘기죠. 내가 항의하고 나니깐 다시 제대로 접어서 주었겠죠. 그런데 이번에는 어느 할머니가 와서 호통을 치더래요. "(찬성이 보이도록) 접어서 준다더니, 왜 바로 주냐"고. 미리 각본대로 교육을 시킨 모양이죠. 이건 정말 아니다, '행정'에서 부정을 저지르는 것은 두고 볼 수 없다, 제가 항의를 해서 세 시간 동안 투표를 중단시켰어요. 제가 참관하던 곳은 부산선관위가 와 있었는데, 자기들끼리 긴급대책회의를 하더라고. 결국 선관위가 직접 표를 나누어주었어요. 그 덕도 조금 봤을 거예요.

이번에 핵발전소 백지화도 그때만큼만 군민들이 도와준다면 될 건데, 다행히 군의회 의장도 동참했고, 여론조사로 재검토하겠다고 하니까요.

올 2월 말, 지역신문에서 여론조사를 했는데 "51.8퍼센트가 반대, 35.8퍼센트가 찬성, 11.4퍼센트는 모른다"로 나왔어요. 한수원에서 놀라서 곧바로 원자력문화재단을 시켜서 여론조사를 했는데, 그때는 반대가 68퍼센트가 나온 거예요. 한수원은 발등에 불이 떨어져서, 해맞이공원에다 반대하신 분들 모아 놓고 설명회 하고, 마을마다 쌀포대 돌리고, 야단이었죠. 지금도 아줌마들 고용해서 마을마다 다니면서 설명회 하고, 행정 쪽에서 수산경영인회랑 4H랑 범군민연대에 못 들어오게 압박을 넣고, 저희 한농연에도 전 회원에게 전화가 가고 있어요.

그래도 여론조사를 하면, 집단 중에서는 공무원 집단이 반대 비율이 60퍼센트가 나올 정도로 높아요. 얼마 전에는 군에서 공무원 498명을 모아서 2박 3일간 연수를 시켰는데도, 그 정도 비율이 나와요. 현 군수가 그만큼 신임을 잃었다는 뜻도 되구요. 퇴직 공무원 모임의 회장님 말씀이, 자기도 공무원 할 때는 핵폐기장을 찬성했는데, 나와서 생활해 보니 아니더라고 해요. 현직에 있을 때는 위에서 누르니까 마지못해 움직였는데, 이제는 지역을 바꿔보며 살겠다는 의지가 있어요. 삼척에서도 삼척여고 동창회가 움직인 게 큰 힘이 되었다던데, 이곳도 영덕군 재경향우회나 재부향우회가 도와주겠다고 나서고 있어요.

그러나 영덕의 사정은 절박하다. 이미 삼척은 주민투표를 통해 전국적으로 그 의지가 확실하게 공인되었고, 영덕까지 신규 핵발전소가 무산된다면 핵마피아들에게는 정말로 큰 일이 되기 때문에 그만큼 영덕의 입지는 더 좁아졌다. 최소한 삼척 수준까지는 올라서야 하지만, 그 과정은 순탄치 않을 것이다. 주민투표를 통해 "핵발전소를 들여오지 않

투표용지에는 찬성과 반대가 있는데, 투표소에 나와 있는
직원들이 할머니들한테 '찬성' 글씨만 보이도록 종이를 접어서
주는 거라. 찬성 찍으라는 얘기죠.

겠다"는 군민의 집단적인 의지가 확인되어야 한다. 그러나 이미 수십 년 간 몇 번의 반핵운동 과정에서 주민들은 많이 지쳐 있고, 찬성파의 힘은 더욱 거세지고 있다.

핵발전소 예정지가 될 천지산 주변 마을의 분위기도 썩 좋지 않은 것 같다. 현수막이 걸리고 있는데 "하려면 빨리 추진해라"는 내용이 많다고 한다. 이주를 전제로 하고 보상금을 보고 외부에서 투자한 사람도 있고, 현지 사람들도 집 팔고 나가서 살 것에 대한 기대가 있다고 한다. 그러나 실제 보상액은 기대하는 것보다는 훨씬 못할 것이라고 한다. 그럴 것이다. 집도 작고 오래된 주택들이라 감정평가 금액은 형편없고, 실제로 그 돈 받아서는 영덕 시내에 나와서 전세도 못 얻을 거라고 한다. 이런 정보가 알려지면 또 달라질 것이다.

핵발전소 부지에 포함되지 않는 경계 지역 주민들은 반대가 명백한데, 어느 마을은 "우리는 원전 담벼락 밖에 살고 싶지 않다. 하려면 우리 마을도 매입하든지 아니면 반대다" 하는 이야기를 한다고 한다. 이해관계가 판단의 중심에 서는 것은 어쩔 수 없는 일이기는 하다. 그러나 씁쓸한 마음은 어쩔 수 없다. 하긴, 밀양 싸움도 시작해서 6~7년까지는 계속 '보상'과 '대안' 두 가지 이야기뿐이었고, 오히려 마지막 3~4년간 할머니들이 중심이 되면서 "돈은 필요 없다. 우리는 살던 곳에서 지금처럼 평화롭게 살고 싶다"는 메시지가 주도할 수 있었으니깐. 지금도 '고향'과 '평화'의 가치나 핵발전소의 위험에 대한 판단은 영덕 주민들의 마음 밑바닥을 흐르고 있을 것이라고 믿어 본다.

다 이해할 수 있지만 그래도 납득이 가지 않는 것이 있다. 핵발전소가 들어온다면 영덕의 대표 특산품인 영덕대게에 직접적인 영향이 미칠 게 분명하다. 부지에 포함될 주민이 나서지 않는다면 한농연 소속 농민들이 아니라 어민들이 나서야 할 것 같다는 생각이 들었다. 이 부분에 대해 이복이 님은 이렇게 답했다.

영덕에도 수산경영인회가 있고, 수산업 쪽 반대도 공무원 반대 다음으로 높게 나오는데, 문제는 관의 힘이 너무 세다는 거예요. 영덕군청 수산과 공무원들이 사법권을 갖고 있어요. 현장에서 수사하고 거기서 조사된 내용이 검찰로 바로 넘어가거든요. 솔직히 어업 실정이, 규정에 걸리는 게 거의 백 프로예요. 불법 3회만 되면 조업 취소 받고, 그러면 끝이에요. 범군민연대 출범할 때 수산경영인회가 들어오는지 여부도 논란이었는데, 얼마나 압박을 받았으면 통통하던 회장이 나중에 보니깐 얼굴이 반쪽이 되었어요.

대게로 유명한 강구 쪽에는 상가연합회도 있고 반대 세가 굉장히 높은데, 강구 분들이 전혀 참여하지 못하고 있어요. 상가는 입만 떼면 관에서 행정지도 해버린다고 하고, 수산업 하시는 분들도 비슷한 처지라서……. 다행히 우리 농민은 우리 뜻대로 할 자유가 있죠. 그분들 말이 땅은 농민 거지만, 바다는 어민 게 아니라는 거죠.

이제 주민투표가 남았다. 군수는 선거 기간에는 "주민 뜻에 따르겠다" 해 놓고, 당선되고 나서 정홍원 총리가 영덕을 방문할 즈음에는 "유치를 전제로 한 주민여론 수렴은 하겠다"고 했단다. 군수가 저러고 있으

니 투표와 관리는 결국 민간에서 할 수밖에 없는 것이다.

주민투표로 가기에는 많은 어려움들이 있다. 반대운동 하시는 분들의 생계 문제가 팍팍하고, 같은 사람들이 세 번 핵폐기장 막아내고 다시 핵발전소를 막는 일을 하고 있다. 지금은 다 나이가 들었고, 기운은 예전 같지 않다. 박혜령 위원장의 고민은 한마디로 이렇다.

사람이 없는 거죠. 일을 같이 하고 만들고 할 사람이 몇 명 없어요.

다들 세 번의 싸움 과정에서 집행유예에 벌금까지 사법처리 다 당했고, 그 이후에도 축사 허가 문제다, 온갖 일들에서 관으로부터 불이익을 당해 보았고, 자식들 대학 보내고 결혼시키고 목돈 들어가는 나이에다, 다시 결집한다 해도 앞장서면 뭔가 감수해야 한다는 것을 알고 있기 때문에 쉽게 나서려는 사람이 없는 것이다.

다행히 후쿠시마 사태 이후에 전국적인 탈핵 흐름이 도움이 되고 있다고 한다. 2010년 12월 말일자로 군수가 핵발전소 유치신청서를 냈을 때, 당시의 여론은 70퍼센트가 찬성이었다고 한다. 영덕군 기관 단체가 32개인데, 대부분 유치 찬성 쪽으로 현수막을 붙였단다. 그런데 2011년 후쿠시마 사태 이후에는 주민들 입장이 조금씩 바뀌었고, 지금은 반대 여론이 51~68퍼센트까지 나오게 되었다.

지난 3월 14일에는 영덕에서 탈핵희망버스 행사를 했다. 나도 그때 참여했다. 다들 이삼백 명 정도 예상했는데, 당시 정보과 형사들 말로도 오백 명을 넘었단다. 행사 마지막에는 가장행렬을 했는데, 평소 잘 나서지 않던 일반 주민들도 꼬리 뒤에 붙었다고 한다. 우리가 2012년 3차 탈핵희망버스 때 와서 영해시장에서 홍보할 때 분위기를 생각하니 격세지감이 느껴질 정도이다.

많지 않은 사람들이 이 일을 하고 있다. 마음 같아서는 어제 갔던 옥원리나 오늘 온 영덕에 자주 와서 일을 거들고 싶다. 만약 영덕이 이번에 막아내지 못한다면, 결국 어느 시점에는 울진이 그러하듯, 10기까지 혹은 핵폐기장까지 받아들여야 할지도 모른다. 신화리 같은 마을이 또 생겨날 것이고, 곳곳에 초고압 송전탑이 세워질 것이다. 한번 받아들이게 되면 금세 체념하는 정서가 형성되고, 지역 경제도 거기에 의존할 수밖에 없도록 서서히 '볼모'가 되어갈 것이다. 그러나 여기서 승리한다면 영덕도 삼척의 길을 갈 수 있을 것이다. 영덕은 반드시 삼척의 길을 가야 하고, 그것이 또한 대한민국을 탈핵의 길로 이끌어줄 것이다. 영덕은 지금 중대한 기로에 서 있다.

한농연 사무실을 나와 영덕에 있는 우리나라 최대의 풍력발전 단지를 구경했다. 산꼭대기에 박아 놓은 스물네 개의 거대한 바람개비가 영덕 주민들이 쓸 만큼의 전기를 만든다고 한다. 거기에는 원자로도 없고, 그 커다란 터빈건물도, 수백 명 인부도 없고, 십만 년 동안 관리해야 할 위험천만한 핵쓰레기도 나오지 않는다. 그저 동해에서 산꼭대기로 불어오는 세찬 바람으로 각자 힘차게 바람개비를 돌려서 전기를 만들고 있다. 이런 높은 곳에다 이런 거대한 바람개비를 심으려면 어쩔 수 없이 길도 내고, 나무도 베어내야 하겠지. 이런 발전소가 대안인지는 잘 모르겠다. 그러나, 최소한 원전보다는 나을 것이다. 거기서 찰칵 기념사진을 찍었다. 웃고 싶었지만, 웃을 수만은 없는 기분이었다.

탈핵을 실천할 것이다

이틀간이었지만, 꼭 일주일은 다닌 것처럼 많은 곳을 다녔다. 이 긴 여행을 끝내고 나니 후련하다는 마음보다 곳곳에서 보았던 가슴 아픈 장면들이 떠올라 마음이 무거웠다.

탈핵이 어떻게 구현될 것인가, 그리고 나는 무엇을 해야 할 것인가. 쉽지 않은 일들이 우리를 기다리고 있다. 무엇보다 나는 이틀 동안 내가 보았던 많은 장면들, 들었던 많은 이야기들을 알리고 싶다. 그리고, 옥원리든 신화리든 영덕이든, 내 힘이 필요한 곳이라면 힘 닿는 데까지 돕고 싶다. 나는 남은 세월 동안 탈핵을 실천하고 싶다. 꼭 그렇게 할 것이다.

| 한국 탈핵운동의 성지, 삼척 |

1971년 고리핵발전소 1호기 착공을 시작으로 정부는 전국 곳곳에 핵발전소를 건설했다. 경북 월성과 울진, 전남 영광을 핵발전소 부지로 선정한 이후, 정부는 추가 부지 확보에 나섰다. 당시 정부는 2000년도까지 모두 50기의 핵발전소를 운영하려는 야심찬 계획을 갖고 있었기 때문에 기존 4개 부지로는 부족했던 것이다.

1982년 울진 산포, 삼척, 해남, 신안, 보성, 장흥 등 9개 지역이 신규 핵발전소 부지로 선정되었다. 이후 1990년대 이들 부지에 핵발전소 건설 계획이 가시화되자, 정부는 거센 반대운동에 부딪히게 된다. 1986년 체르노빌 핵발전소 사고와 이후 본격화된 반핵운동이 지역 사회에까지 확산되었기 때문이다. 삼척역시 1990년대 중반 대규모 반핵시위로 정부 계획에 맞서 싸웠던 지역의 하나이다.

• 핵폐기장과 핵발전소 유치운동

그 성과로 1998년 정부는 9개 지역 중 8개 지역에 내려졌던 핵발전소 부지선정 계획을 전면 취소했다. 이번 기행에서 본 '원전 백지화 기념비'는 핵발전소 건설 백지화를 축하하기 위해 삼척주민들이 세운 기념비이다.

하지만 핵발전과 삼척의 악연은 이것으로 끝나지 않는다. 2005년 경주, 군산 등 4개 지역에서 핵폐기장 반대운동이 있을 당시, 삼척에서도 일부 주민들이 핵폐기장 유치운동을 벌였다. 그러나 최종적으로 시의회에서 핵폐기장 유치안이 부결되면서 삼척에서는 핵폐기장 주민투표가 벌어지지 않았다.

이명박 정부에 들어서면서 정부는 신규 핵발전소 부지를 찾는 작업을 재개한다. 해남, 고흥, 삼척, 영덕, 울진 등이 후보지였고, 지자체 반대가 분명했던 해남, 고흥과 달리 삼척에서는 지자체장이 핵발전소 유치에 적극적이었다. 핵발전소와 제2원자력연구원 건설 등 소위 '원자력클러스터' 사업을 통해 삼척 경제를 발전시키자는 것이 유치 이유였다. 삼척시장의 핵발전소 유치 계획이 본격화되면서 반대대책위의 반대 활동도 이어졌지만, 결국 2010년 12월 삼척시장은 시의회 동의를 얻어 핵발전소 유치신청서를 제출했다.

당시 삼척시의회는 유치동의서의 단서조항으로 주민투표를 통해 삼척 시민의 의사를 묻는 내용을 포함시켰다. 그러나 삼척시장은 이를 무시하고, 핵발전소유치대책위가 받은 서명용지를 근거로 주민의 뜻이 확인되었다는 입장을 밝혔다.

• 주민투표 결과 84.9퍼센트가 핵발전소 반대

삼척시 유권자 중 96.9퍼센트인 56,551명이 서명했다는 유치 찬성 서명용지의 실체에 대한 의혹이 제기되었으나, 삼척시는 이를 무시했다. 하지만 후쿠시마 핵발전소 사고가 일어나면서 모든 상황은 바뀌었다. 전국적으로 핵발전소 반대운동이 벌어지고, 연이어 발생한 한수원 비리 사건으로 정부와 한수원에 대한 불신은 어느 때보다 높아졌다. 이에 따라 삼척 핵발전소 반대운동은 급격히 확산된다. 탈핵운동가의 시의회의원 당선, 2012년 10월 주민투표를 거부한 삼척시장에 대한 주민소환운동을 거치면서, 삼척 시민의 탈핵 의지는 더욱 높아졌다.

　이런 여세를 몰아 2014년 6월, 탈핵과 주민투표 실시를 공약으로 내건 후보
가 당선되는 일이 벌어졌다. 삼척 핵발전소 유치운동을 벌였던 현직 시장과 무
소속 탈핵후보의 대결은 전국적인 관심사로 떠올랐다. 결국 현직 시장을 24.9
퍼센트나 앞선 압도적인 지지로 탈핵후보가 당선되었다. 그리고 그해 10월 이
어진 삼척핵발전소 유치철회 주민투표에서 84.9퍼센트의 삼척 시민들이 핵발
전소 유치에 반대하면서 삼척은 한국 탈핵운동에서 또 하나의 역사를 남겼다.

| 핵폐기장과 핵발전소로 네 번이나 고통에 빠진 영덕 |

영덕은 우리나라 탈핵운동 역사에서 최초의 핵폐기장 반대운동이 일어난 지역이다. 핵발전소의 숫자가 점점 늘어나자, 정부는 1983년부터 방사성폐기물관리 종합대책을 수립하기 시작했다. 이 계획에 의해 1986년부터 부지 선정 절차를 진행하는데, 전국 89개 후보지를 대상으로 비밀리에 핵폐기장 부지를 물색하기 시작했다. 정부는 수차례 내부 회의를 거쳐 최종적으로 영덕, 울진, 포항 영일 지역을 후보지로 선정했다.

영덕 주민들은 이런 사실을 전혀 모르고 있다가 1989년 2월 임시국회 질의를 통해 이 내용을 확인하고 격렬한 반대운동을 벌인다. 국도 점거와 상가 철시 등 핵폐기장 반대운동은 더욱 격렬해졌고, 결국 1989년 말 정부는 관련 인력을 철수하고 계획을 백지화시키게 된다.

• 계속되는 핵폐기장 후보지 선정

그러나 이것이 끝이 아니었다. 1990년 안면도와 1994년 굴업도 등 전국 각지에 핵폐기장을 건설하려는 계획이 좌절되자, 2003년 2월 정부는 또다시 영덕, 영광, 고창, 울진 등 4개 지역을 핵폐기장 후보지로 선정 발표한다. 해당 지역의 반발이 거세지자, 정부는 일방적인 후보지 발표에서 지자체 자율유치 방식으로 바꾸어 우선권을 주겠다고 발표하는데, 여기에 부안군이 유치청원서를 내면서 핵폐기장을 둘러싼 부안 군민들의 투쟁이 시작된다.

2003년 7월 부안군의 유치신청으로 시작한 부안 핵폐기장 반대운동은 2004년 2월 부안군민의 자발적 주민투표로 끝나게 된다. 당시 부안은 91.8 퍼센트의 주민이 주민투표를 통해 핵폐기장 유치에 반대했다. 부안에 핵폐기장 건설이 어렵게 되자, 2005년 정부는 다시 핵폐기장 부지 선정 절차를 진행하는데, 영덕은 2005년 주민투표가 진행된 네 군데 지역 중 하나이다. 영덕은 1989년과 2003년, 2005년 세 번 핵폐기장 후보지로 지정되었고, 그때마다 훌륭히 핵폐기장 건설을 막아낸 지역이다.

• 핵발전소 반대운동과 주민투표 준비

삼척과 마찬가지로 영덕의 비극은 여기서 끝나지 않았다. 삼척시장이 핵발전소를 유치하려고 했던 2010년, 영덕에서도 군수가 핵발전소 유치를 선언했기 때문이다. 삼척에 비해 지자체 규모가 작고 노인 인구가 많은 전형적인 농촌 지역인 영덕에서 반대운동은 쉽지 않았다. 지역을 지키겠다는 애향심으로 시작한 핵폐기장 반대운동이 수차례 반복되면서 많은 이들이 지쳐갔다. 이에 따라 시장에 대한 주민소환운동과 주민투표운동이 활발하게 벌어지던 삼척과 달리 영덕은 소수의 지역 주민들이 영덕 핵발전소 반대운동을 이어갔다.

그러나 후쿠시마 사고로 핵발전의 위험성에 대한 인식이 폭넓게 확산되고, 삼척 주민투표 승리의 영향으로 영덕에서도 최근 핵발전소 반대운동이 활발히 벌어지고 있다. 지난 4월 영덕 군의회가 주관한 영덕군민 여론조사에서 영덕군민의 58.8퍼센트가 핵발전소 건설에 반대하는 등 영덕 주민들의 핵발전소 반대 의견도 높아지고 있다. 향후 영덕에서도 삼척과 같은 주민투표가 계획되고 있어, 핵발전소 건설 반대에 대한 영덕군민의 의사를 제대로 확인할 수 있을 것으로 기대된다.

| 정부에게 유리한 주민투표법 |

2004년 부안과 2014년 삼척에서 진행된 주민투표는 주민투표법에 의해 진행된 주민투표가 아니다. 둘 다 정부가 주민투표를 할 수 없다는 입장을 발표해서 지역 주민들이 자발적으로 선거관리위원회를 구성해 진행한 자발적 주민투표이다. 반면 2005년 경주, 군산, 영덕, 포항 등 4곳에서 진행된 핵폐기장 주민투표는 주민투표법에 의해 정부가 추진한 주민투표이다.

현행 주민투표법은 지자체에게 정부 정책과 관련한 사안을 주민투표로 확인할 권한을 주지 않고 있다. 핵폐기장이나 핵발전소처럼 국가 정책에 관련한 사안은 오직 중앙정부만 주민투표를 진행할 수 있다. 또한 주민투표 기간의 투표운동에 대한 규정이 느슨해, 사전 투표운동이나 공무원의 투표운동에 대한 규정, 투표운동 비용에 대한 규정도 제대로 마련되어 있지 않아, 주민투표법이 사실상 정부의 정책을 관철시키기 위한 도구로만 활용되고 있다는 비판이 일고 있다.

| 19년 동안 반복된 정부의 핵폐기장 추진 |

1986년부터 시작된 정부의 핵폐기장 부지 선정 작업은, 2005년 경주가 최종 결정될 때까지 19년간 아홉 차례에 걸쳐 갈등을 낳았다. 아홉 차례의 내용을 자세히 살펴보면, 대부분 정부의 일방적인 부지 선정과 반대운동, 백지화로 이어졌으며, 1994년 굴업도의 경우에는 반대운동에도 불구하고 핵폐기장 건설을 강행하다 부지에서 활성단층이 발견되어 정부 스스로 건설계획을 백지화시켰다.

또한 정부가 처음에는 중저준위 핵폐기물과 고준위 핵폐기물을 모두 처분하기 위한 장소를 찾았으나 2005년 관련 법령을 정비해서 경주에는 중저준위 핵폐기물만 처분되며, 사용후핵연료 등 고준위 핵폐기물을 처분하기 위한 부지는 아직 확보되지 않았다.

19년간 진행된 정부의 핵폐기장 추진 내용과 결과

구 분	추진 내용	결 과
1차 (1986~1989년)	• 문헌조사를 통해 동해안 3개 후보지(울진·영덕·영일) 도출. (1986, 1987) • 지질조사 착수.(1988. 12)	주민 반대로 지질조사 중단. (1989. 3)
2차 (1990년)	• 충남도 협조하에 충남 안면도 후보지 추진. • 제2원자력연구소 건설계획으로 추진.	비공개로 추진됨에 따라 불신 야기. 주민 반대로 백지화.
3차 (1991~1993년)	• 유치자원 지역 공모 및 후보지 도출을 위한 용역 실시.(서울대 등) • 고성·양양·울진·영일·장흥·태안 등 6개 후보지 도출.	주민 반대로 중단.
4차 (1993~1994년)	• 영일·양산·울진 등 3개 지역 유치 활동에 따른 사업 추진.	주민 반대로 중단.
5차 (1994~1995년)	• 10개 후보 지역 선정. • 굴업도를 최종 부지로 선정하고, 핵폐기물 시설 지구로 지정 고시.	사업 추진 중 활성단층이 발견되어 지정고시 해제.
6차 (2000~2001년)	• 전국 임해지역 자치단체를 대상으로 부지 유치 공모 실시.(2000. 6, 2001. 6) • 영광·강진·진도·고창·보령·완도·울진 등 7개 지역에서 지역 주민의 유치 활동이 있었음.	유치를 신청하는 지자체가 없어서 공모 무산.
7차 (2003~2004년)	• 사업자 주도 방식으로 전환, 252차 원자력위원회에서 영광·고창·영덕·울진 등 4개 후보 부지 발표.(2003. 2) • 지자체 자율유치 방식으로 전환. 4개 지역 이외에도 유치신청시 4개 지역과 동일한 우선순위 적용키로 함.(2003. 6) • 부안군 유치청원서 제출.(2003. 7)	부안군민의 격렬한 반대와 부안 주민투표(2004. 2)로 백지화.
8차 (2004년)	• 핵폐기장 부지 신규유치 공모.(2004. 2) • 울진·고창·군산·영광·완도·장흥·강화 등 7개 시군 유치 운동.	지자체장 신청 없어 무산.
9차 (2005년)	• 253차 원자력위원회. 중저준위와 고준위 핵폐기물 처분장 분리. 지원법 제정 등 제도 변경. • 경주·군산·영덕·포항 등 4개 지역에서 주민투표 진행.(2005. 11)	경주 89.5% 찬성. 경주를 중·저준위 방사성폐기물 처분장으로 최종 결정. 고준위 핵폐기물 관리방안은 2015년 3월 현재까지 미정.

밀양 할매 할배들

'밀양 할매 할배들'은 2005년부터 이른바 '밀양 송전탑 반대 투쟁'에 매진해 온 밀양시 송전탑 경과지 4개면 주민들을 말한다. 10년의 투쟁 끝에 공권력의 힘으로 철탑이 완공되고, 시험 송전까지 이루어졌으나, 밀양의 진실과 정의가 바로 설 때까지 싸울 각오로 225세대가 합의금 수령을 거부하며 버티고 있다.

10년의 싸움 동안 두 분이 세상을 버리고, 수없는 사법 처리와 병원 후송, 마을 공동체의 분열로 고통스러운 시간을 버텨왔지만, 또한 나눔과 연대를 실천하는 '어르신 투사'로 우리 사회 양심적인 시민들의 존경을 받고 있다.

기록
이계삼 밀양대책위 사무국장

감수·해설
이헌석 에너지정의행동 대표

사진
노순택 이우기 정택용 최형락

영상
'미디어로 행동하라 in 밀양' 프로젝트팀
강세진 류미례 박일헌 박지선 이강길 이경희 조현나

탈핵 탈송전탑 기행 참가자

한옥순 부북면 평밭마을, 그 유명한 '야전사령관' 할매.

이남우 부북면 평밭마을, '참'과 '정의'를 강조하는 부북면 대책위원장.

김길곤 부북면 평밭마을, '탈핵'을 외치는 여든네 살 마을 자치회장님.

송루시아 단장면 용회마을, 선언문 낭독을 도맡아하는 눈물 많은 아줌마.

김영자 상동면 여수마을, 트로트를 기막히게 부르는 영원한 상동면의 총무님.

김영순 상동면 고정마을, 다람쥐처럼 재바르고 부지런한 마을의 일꾼.

조원규 상동면 금호마을, 돈 몇백에 영혼을 팔지 않겠다는 근엄한 농민

김종천 상동면 여수마을, 주민들이 '대통령' 나가라고 등 떠미는 명연설가.

정임출 부북면 위양마을, 물러섬 없이 싸우는 127번의 보살 할매.

서종범 부북면 위양마을, 꽃을 잘 가꾸고 시사에 밝은 봉고차 운전사 아저씨.

김수암 단장면 동화전마을, 일생 밀양에서 농사만 지어온 정 깊은 할매.

유은희 단장면 동화전마을, 전원생활 하러 왔다 철탑싸움에 엮이게 된 부산 아지매.

고준길 단장면 용회마을, 판사 앞에서 벌금 대신 노역을 호소한 전직 교장선생님.

구미현 단장면 용회마을, 독립운동가의 후예, 바른 말씀과 단단한 실천.

김필기 단장면 용회마을, 경찰·한전과 매섭게 싸우는 농사꾼 할머니.

김옥희 단장면 용회마을, 농사일도 동네일도 투쟁도 풍류도 모두 사랑하는 아지매.

김우창 밀양대책위, 할매들이 좋아서 밀양에 온 대책위 활동가이자 '빠꼼한' 사랑꾼.

김태철 밀양대책위, 목회자의 길을 버리고 농사를 짓고 싶어 하는 대책위 활동가.

남어진 밀양대책위, 할매들의 사랑을 듬뿍 받고 있는 대책위의 재간둥이 활동가.

정대준 밀양대책위, 밀양 할매들에게 빠져서 울산시민에서 거의 밀양시민이 다 된 콧수염 아저씨.

탈핵 탈송전탑 원정대
밀양 할매 할배들이 발로 쓴 대한민국 '나쁜 전기' 보고서

초판 1쇄 발행 2015년 5월 11일
초판 3쇄 발행 2015년 8월 3일

지은이 밀양 할매 할배들

기록 이계삼
감수·해설 이헌석
펴낸이 오은지
책임편집 변홍철
디자인 박대성
펴낸곳 도서출판 한티재 등록 2010년 4월 12일 제2010-000010호
주소 706-821 대구시 수성구 달구벌대로 492길 15 전화 053-743-8368 팩스 053-743-8367
전자우편 hantibooks@gmail.com 블로그 www.hantibooks.com

ⓒ 밀양 할매 할배들 2015
ISBN 978-89-97090-47-1 03300

이 도서의 국립중앙도서관 출판예정도서목록(CIP)은 서지정보유통지원시스템 홈페이지(http://seoji.nl.go.kr)와
국가자료공동목록시스템(http://www.nl.go.kr/kolisnet)에서 이용하실 수 있습니다.
(CIP제어번호: CIP2015011960)